开放革命

重写信息时代的规则

[英] 鲁弗斯·波拉克
Rufus Pollock ◎著
于　戈◎译
李战怀◎审校

U0331083

The Open Revolution

Rewriting the rules
of the information age

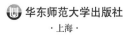

华东师范大学出版社
·上海·

图书在版编目(CIP)数据

开放革命:重写信息时代的规则/(英)鲁弗斯·波洛克
著;于戈译.—上海:华东师范大学出版社,2022
ISBN 978-7-5760-2442-5

Ⅰ.①开… Ⅱ.①鲁…②于… Ⅲ.①信息资源-知识产
权保护-研究 Ⅳ.①D913.404

中国版本图书馆 CIP 数据核字(2022)第 032562 号

开放革命:重写信息时代的规则

著　　者　[英]鲁弗斯·波洛克(Rufus Pollock)
译　　者　于　戈
审　　校　李战怀
策划编辑　彭呈军
特约审读　朱晓韵
责任校对　秦乐淳　时东明
装帧设计　卢晓红

出版发行　华东师范大学出版社
社　　址　上海市中山北路 3663 号　邮编 200062
网　　址　www.ecnupress.com.cn
电　　话　021-60821666　行政传真 021-62572105
客服电话　021-62865537　门市(邮购)电话 021-62869887
地　　址　上海市中山北路 3663 号华东师范大学校内先锋路口
网　　店　http://hdsdcbs.tmall.com

印 刷 者　上海盛隆印务有限公司
开　　本　890×1240　32 开
印　　张　4.875
字　　数　115 千字
版　　次　2022 年 9 月第 1 版
印　　次　2022 年 9 月第 1 次
书　　号　ISBN 978-7-5760-2442-5
定　　价　48.00 元

出 版 人　王　焰

(如发现本版图书有印订质量问题,请寄回本社客服中心调换或电话 021-62865537 联系)

鲁弗斯·波洛克简介

鲁弗斯·波洛克博士是一位研究者、技术专家和企业家。他一直是全球开放数据运动的先驱,为各国政府、国际组织和产业界如何在数字世界中取得成功献言献策。他是开放知识组织基金会(Open Knowledge Foundation)的创始人。这是一个目前活跃在超过 35 个国家的领军型非政府组织(NGO),其职责是通过对信息的访问,赋能每个普通人和各个机构,使其能够创建洞察力和驱动变革。他曾经是剑桥大学伊曼纽尔学院的米德(Mead)团队经济学研究员。他获得过 100 万美元的夏特沃斯基金会奖研金(Shuttleworth Fellowship),目前是 Ashoka 会士和 RSA 会士,拥有剑桥大学经济学博士学位和数学双一级荣誉。

上海市版权局著作权合同登记 图字：09－2021－0664 号

译者序

　　随着信息技术革命的兴起，我们正处于一个新的信息时代，互联网经济、大数据经济、数字经济，无时无处不在，对全球每个人的生活和工作都产生了巨大的影响。

　　鲁弗斯·波洛克博士站在时代的高度，敏锐地观察到时代的变革，认识到对传统规则改变的急切性，主张通过开放革命，建立一个让所有人更加公平的世界，同时促进人类共同体的可持续发展。

　　全书共分为14章，围绕开放世界思想，结合实际案例，给出了全面、系统、具体的论述。第1章介绍信息社会里传统规则造成的垄断及其危害性；第2章介绍开放世界和开放革命的愿景；第3章给出信息和开放性的定义；第4章讨论传统的知识产权——专利权和版权的垄断性；第5章以脸书为例讨论互联网垄断企业对人类社会的危险；第6章以互联网的发展历史讨论开放性的意义；第7章和第8章分别以共享音乐和人类基因组两个典型案例，讨论开放的重要性；第9章介绍开放的先行者——杰米·拉夫为开放性所做的不懈努力；第10章介绍开放模型的优点及必要性；第11章介绍建立开放世界的具体措施和可行性论证；第12章通过环境保护运动的经验，讨论如何实现开放世界；第13章回顾历史上的一场版权之争及带来的启示；第14章致谢所有对本书的贡献者。

本书对于更好地建设当前蓬勃发展的数字化社会和数字经济,具有重要的借鉴意义。但需要注意的是,由于原作者出自西方学者的视角,对于书中不符合中国国情的观点,请读者批判性地理解。

　　全文由于戈主译,李战怀主审,周傲英指导。翻译过程中,还得到了嵇晓、杜小勇、王国仁、尚学群、周煊等人的极大支持和帮助。对于他们所作的工作表示衷心的感谢。

　　由于全书涉及信息技术、经济学、社会学、政治学等多个领域,内容广泛、博大精深,译者水平有限,存在不妥之处,敬请读者批评指正。

2022 年 3 月

目　录

献给我的父亲母亲

从我这里接受思想的人，他自己得到了教诲，并不会减少我的思想；就像在我的蜡烛上点燃他的蜡烛的人，他得到了光明，并没有使我黑暗。

——托马斯·杰斐逊写给艾萨克·麦克弗森的信，1813 年 8 月 13 日

但丁："当一种善被分享时，如何使得拥有它的人越多，他们就变得越富有？"

维吉尔："因为你又专注了尘世的事物，你从真正光明中驱走了黑暗……高处的人们相互理解得越多，他们就会爱的更多，也就会有更多的爱，就像一面镜子，一个人反射到另一个人。"

——《神曲·炼狱》第十五章

本书是一本启蒙书。

第 1 章

序言：对大众注意力的垄断

在 2018 年 3 月，当一家政治咨询公司剑桥分析（Cambridge Analytica）和脸书公司（Facebook）爆出丑闻时，伦敦《卫报》（*The Guardian*）援引该公司一名前董事的话称：

> 谷歌（Google）、脸书、亚马逊（Amazon）等所有这些大公司都在将人们的数据等内容进行货币化，从中赚取成百上千亿美元。多年来，我一直在告诉企业和政府，数据大概是你们最有价值的资产。每个人也应该能够将自己的数据进行货币化——这是他们所拥有的作为人的价值，而不应该被剥削。

其他评论人士也有同感：这些互联网巨头的问题在于他们控制了我们的个人数据。但是，这种对问题的诊断从根本上是错误的。如同在医学上一样，误诊事关紧要。

谷歌和脸书利用的不是你的数据，而是你的注意力。正是你盯着屏幕的眼神，都被它们变成了钱。这是因为当我们想要搜索某样东西、与朋友进行联系，或者想要了解发生了什么事情时，我们几十亿人都会求助于这些网站，正是这种压倒性的地位使它们变得极强大。

我们都知道这些公司在利用我们的个人数据来给我们投放定向广告，是的，这是商业模式的一部分。但是，即使他们无法获得关于我们的数据，他们照样也会赚大钱，就像电视网络在定向广告被发明之前，仅依靠庞大的受众群也能赚钱。

起作用的正是对你的注意力的垄断。因此，要想搞清这些行业带来的真正问题，首先要回答的是它们何以变成如此难以置信的垄断。答案是它们运营在三种现象汇聚之处：

1. "平台"效应
2. 无成本数字复制
3. "知识财产"专有权

只有在理解了这三种现象及其交互作用之后，我们才能对这个问题做出正确的诊断，从而找到合适的处理方法。

1.1 平台效应

推特（Twitter）、亿贝（eBay）以及谷歌和脸书等运营在经济学家称作的"平台"之上，这是一种连接众多参与者的地方。"平台"是一个自古以来就有的现象：某个市镇广场上的鱼市场就是一个平台，买卖双方都聚集于此成交。亚马逊就是一个平台，这里的商品品种繁多，并且没有怪味和嘈杂声。脸书也是一个平台，最初的设计目的只是为了将用户相互连接起来进行内容交换，然而它很快就演变成为吸引广告商的平台，因为广告商也想与用户连接起来。谷歌是另外一个平台，它将用户与内容提供商和广告商连接起来（例如，报纸一直就是这样做的）。

所有的平台企业在商业上都有一种"赢者通吃"的强大趋向。因为客户越多，吸引的供应商就越多，反之亦然。例如，买卖双方都希望易贝越大越好，这样每个人都知道这是一个寻找他想要的东西的地方。这种相互强化的效应意味着将其竞争对手排斥在外，要么是公司故意这样做，要么就是平台自身的逻辑使然。新进入者无法在平等的条件下竞争,初期的小小优势就可造就牢固的垄断。因此,市场被集中在一个或少数几个平台上。几个世纪以来,鱼市场和证券交易所是这样。如今,谷歌和脸书以及微软(Microsoft)、优步(Uber)和爱彼迎(Airbnb)也是如此。

1.2　无成本复制

鱼市和证券交易所的老板们都过得很舒服。但是,由于数字时代的基本特征：无限性和无成本复制,产生了数量庞大、分处不同联盟的在线平台老板。当你开始意识到这一简单事实的非同寻常的结果时,你就会开始对现代世界有所了解。

一旦我拥有了一份数字信息的拷贝,无论是一个软件、一组统计数据还是一首交响乐,我就可以随心所欲地复制出任意多份拷贝,而且不需要任何成本,所要做的只是轻触一个按钮。这绝对是史无前例的。由于不需要接连不断地购入原材料或开设新的商店来销售产品,每份拷贝几乎都不需要任何成本。扩张是免费的,且可扩张为无限的经济规模。因此,微软、脸书、谷歌和其他大公司一直能够以空前的速度扩大它们的服务,并赚得了巨大的利润。

1.3　"知识财产"权利

然而,如果对无成本复制真的毫无限制,那么它就不会如此有利可图。如果任何人得到一份微软公司的 Windows 系统拷贝后,都可以随心所欲地复制并分享这些拷贝,那么微软公司就不能收取到很多的使用费。如果谷歌和脸书赖以运行的算法可供任何人使用和修改,那么其他公司就可以轻松地与它们竞争。使得这些企业拥有如此强大垄断地位的一个重要因素是它们的独家复制权。得益于专利和版权形式的"知识产权"，他们对其核心业务中的数字信息，即为它们的产品和平台提供动力的软件和算法，拥有独家控制权。

微软的 Windows 是世界上很多人都在使用的操作系统平台。作为一个行业标准，它在很长一段时间内形成有效的垄断。但它仅仅是有史以来受益于专利和版权保护（阻止任何人出售其专有软件）的最大摇钱树之一。尽管构成其软件和协议的比特可以免费复制，但每个客户都要为获得一份拷贝的使用特许权而支付数十或数百美元。而今，这种特许权几乎是参与数字世界的必要条件。正因为如此，微软公司能够有效地向我们每个人收取使用电脑和上互联网的费用。

正是我们的"知识产权"机制赋予了单一公司的独家专有权。然而，这种垄断并不存在于自然界。它是人类社会所创造的版权和专利所带来的后果。当然，知识产权垄断自有其逻辑。即使后续的拷贝成本很低，但一部新电影、一款新应用程序或一种药物的初始创造成本可能非常高昂。知识产权是支付这个原版的一种方式。但是，我们将会看到，还有其他资助创新的方式，例如，实行报酬权取代专利和版权，既保留对创新的激励，也不会造成垄断。

1.4　新世界中的旧规则

按照旧的知识产权垄断规则来运行信息经济的后果是加剧不平等。在 2016 年，世界上最富有的 8 个人所拥有的财富相当于收入靠后的 50％世界人口的收入总和，也就是 35 亿人的收入。在这 8 位富豪中，有 6 位是科技产业的亿万富翁。这是一颗政治上的定时炸弹。最关键的是我们要理解这种不可持续的财富和权力高度集中的真正原因：数字信息的独家所有权与平台效应和无成本复制的结合。

我们必须认识到增长停滞和失去机遇的代价。本质上，垄断者害怕任何威胁到他们地位的竞争，无不奋力地通过摧毁或吞并来消灭潜在的对手。如果不是为了保护自己的垄断地位，脸书为什么会在 2014 年以220 亿美元的高价收购 WhatsApp（当时 WhatsApp 的销售额只有 1 000万美元）？尽管脸书付出的代价是众所周知的，但失去创新和阻碍竞争的代价却是无法估量的。真正的受害者是消费者、未来创新者和社会。

新的数字世界需要新的规则。把实体经济中的旧规则拿过来用在新的数字经济中毫无意义。旧的财产权在过去起过作用，但作为知识产权移植到这个新世界里并不适用。在这个新世界里，知识产权就是知识垄断，这是既不公平也不公正的垄断，对于我们的经济和社会都是有害无益。我们需要有适应新的信息经济的新规则。这些规则既能提供奖励创新者和创造者的途径，又能维护公平和自由，为我们每个人在数字未来中分一杯羹。

简言之，我们需要一个开放的世界（Open World）。一个所有数字信息都开放、免费使用、借鉴和共享，同时创新者和创造者都得到认可和奖励的世界。

这就是解决方案。

第 2 章

开放的世界

在今天这个数字时代,谁拥有信息,谁就拥有未来。在这个数字世界里,我们面临着一个最根本的选择:开放还是封闭。在一个开放的世界里,信息是由所有人免费共享的。在一个封闭的世界里,信息是被人"拥有"和受控的。

今天,我们生活在一个封闭的世界里。一个权力和财富正在被极不寻常地高度集中的世界。在这个世界里,创新受到垄断的死亡之手所阻碍和扭曲,必不可少的药品只有富人才能负担得起;自由受到被操纵、排斥和利用的威胁,你的每一次点击、你迈出的每一步,他们都在盯着你。

相比之下,在一个开放的世界中,我们所有人都将致富,通过自由地使用、享受和借鉴一切信息,包括从统计数据和研究报告到报纸故事和书籍,从软件和电影到音乐和药方。在一个开放的世界,我们将越来越公平地向创新者和创造者支付酬劳,以市场驱动的报酬权利取代知识产权垄断权利。

随着数字技术的进步,数字技术承担了越来越多过去由人类承担的任务,从制造汽车到安排约会。在未来几十年里,人工智能(AI)也许不仅仅是为我们驾驶汽车,而且还能起草法律合同和做手术。从表面上看,如果机器能使我们从烦琐的日常工作中解脱出来,并能更准确地完成这些工作,我们将会获益匪浅。将来,我们每个人都有更多的时间投入到对个人重要的那些事情上,无论是抚养孩子、学习语言,还是深海潜水。

然而，危险在于机器人是依靠信息（软件、数据算法）运行的，而目前这类信息的"所有权"非常不平等。由于受到封闭系统的知识产权权利的保护，再加上无成本复制和平台效应，"所有权"变得更加不平等。随着信息技术在现代世界中占主导地位，且重要性日益增长，财富和权力的天平正越来越倾向于一个专属俱乐部。但是，通过选择开放，我们可以确保未来适合于所有人，而不仅仅是那1％的人。

世界上的主导产业已经是信息的生产和管理。控制权与丰富的业务流程被危险地集中起来，而且越来越集中。全球最富有的五家公司都是以信息技术为基础，它们自身展现出世界上一部分最不平等的所有权结构，即一小群创始人和投资者拥有一大部分股本。

随着技术的加速发展，新的应用和体验正在诞生，它们很可能在我们的日常生活和经济中占有重要的地位。例如，现在用虚拟现实技术（VR）可以复制我们对世界的许多感觉和印象，对于人们休闲有着巨大的应用前景，因为它已经用于各种形式的训练。一旦把虚拟现实发展成为类似于脸书那样的近乎垄断的产业，那将危及我们的自由。同样，所谓的物联网也在迅速成长。现在已经有很多家用电器，如婴儿监视器、照明系统和中央供暖系统与物联网相连。但这仅仅是开始，在今后几年里，随着亿万设备被连接起来，我们会看到机器对机器的数据量将超过人类的使用量，成为互联网上的主要流量。我们深深地担忧这类技术的控制权会落入独家大公司手中。

最极端的情况是，当前的局势威胁到自由社会的规范。面对国际垄断，自由企业和自由市场正在瓦解。当只有一个选择时，自由选择就毫无意义。甚至我们的政治自由和思想自由也受到有能力塑造我们思维和行动方式的影响力的威胁。我们都应该对此感到忧虑，最近的一些丑闻，如剑桥分析公司（Cambridge Analytica）的丑闻证据表明，人们对这些忧虑的认同正与日俱增。

然而,一旦我们向所有人开放所有正在产生的信息,即当前运转世界的软件、所有文化财富和秘不示人的文献、全世界的文学艺术和算法,那么我们就实现了信息技术革命的大众化。还记得谷歌曾经计划把世界上所有的书都放到网上吗? 即使谷歌也没有做到,因为它侵犯了版权。但开放模型要做的不仅包括所有的书籍,还包括所有的音乐、新闻、天文学和海洋学、市场价格、诗歌、药物配方、古典学术,世界上所有可以数字化的知识和文化财富。我们进步所产生的价值将由全人类共享,而不是集中在少数人手中。开放将解决这些信息霸权的垄断问题,促进竞争,提供透明度,增加创新的可能性和对创新的激励。这种新方法将使所有专利或版权资料被自由地使用,同时也越来越公平地向其创作者支付报酬。

机遇和危险两方面都是巨大的。对乐观和开放的选择是 21 世纪最重要的政策机遇之一。这是一个改造我们社会的机会,创造一个超越资本主义和社会主义政治的未来,把前者的创业精神与后者的公平理想结合起来,这是为所有人建设一个更美好的世界的真正机会。这前所未有的机遇完全基于非凡的新数字技术的一个独特特征:无成本复制。

物质的东西具有一个不幸的限制:它们一次只能用于一件事。自行车就是自行车,如果我骑着我的自行车去上班,你就不能同时骑着它去商店。正如经济学家所说,物质的东西在使用上是"竞争性的"。这个事实是如此的明显,以至于几乎没有引起我们注意,但是,它具有深远的重要意义。这意味着,物质产品的世界是一个稀缺的世界:往往没有足够的东西可供人们分配。

当今世界上,大多数社会都实行基于这个"单一性使用"物理事实的私有财产制度。我们对物品的社会控制具有排他性,因为这符合排他性使用物品的事实。如果你拥有一栋房子，你可以决定谁住在里面。法律正是建立在世界有限的且竞争性的物理资源这个现实之上。

总之，迄今为止这个制度运行得很好，通常比其他已经尝试过的制度要好得多。因为我们的思维方式以物理财产为核心，所以我们试图在"知识产权"的大旗下，将信息包括在同一类别之内。事实上，信息属于本质上完全不同的类别。信息所具有的不同寻常的本质特征是其无限性、非竞争性以及复制能力。当你和朋友们围坐在餐桌旁分享一个笑话时，他们每个人都有自己的"副本"。因此，信息不像也不应被看待为有形财产。

数字技术将信息的这种属性提升到了另一个层次。一旦数字化，无论是一张照片、一款应用程序还是一首交响乐，我们都可以随心所欲地复制信息，与任何人共享，实际上也不需要任何成本。信息与物理产品的不同之处是可以被奇迹般地复制以满足需求，这使得它有别于我们经济的整个传统基础。在这个变化的世界，我们需要改变规则。排他性产权对于物理财产来说是有意义的，因为它们的稀缺性和竞争性：只有一个用户或一个所有者。但数字信息的不同之处在于，它的丰富性和非竞争性意味着不必是排他的，它可以是开放的。

欢迎走进开放革命。

第 3 章

对信息和开放性的定义

敦煌,一座位于中国西北部戈壁沙漠边缘的城市。成百上千年以来,它是丝绸之路上从欧洲出发到中国的旅行者的主要歇脚地。在城外的悬崖上有一个隐蔽的洞穴,是古代圣地"千佛洞"的一部分。在公元1 000 年左右,由于敦煌受到西夏王国的威胁,该石窟被封藏。在此后千年的大部分时间里它被遗忘,而免受打扰。直到 1900 年的一天,一位年轻道士在悬崖上探看时偶然发现了一个封闭的入口。

洞窟里面是一个宝库:4 万多件丝质或纸质的卷轴和手稿,在干燥的沙漠空气中完好地保存了数个世纪。其中,最珍贵的是一个约 5 米长的纸卷,由 7 张发黄的纸组成。纸卷上是《金刚经》的副本,这是佛教最重要的经文之一。这本书由探险家马克·奥雷尔·斯坦因(Marc Aurel Stein)于 1907 年在他穿越戈壁沙漠的探险中获得,如今保存在大英图书馆,可以在线浏览。

这个纸卷之所以珍贵,不是因为它的内容,而是因为它的形式。这本书不是手写的,而是印刷的,使用的是中国人在古腾堡之前一千年发明的木版印刷术。出乎意料的是,纸卷甚至给出了印刷的日期:868 年5 月 10 日。这证明了该纸卷是我们拥有的最古老的印刷文本,也是我们人类特有的渴望进行记录、保存和分享信息的独一证据。

该纸卷的一个更重要的特点是在其底端的献词中发现的:声明"全球自由发行"。也就是说,纸卷上的文字可以被自由地复制和分享。可以这么说,在一千多年前,人类所知的最早的印刷文本上,已经清楚地阐明了自由和公开分享信息的基本思想。因此，关于开放的思想可以追溯到印刷记录出现的时候。

主张对信息进行封闭（无论是保密还是加以限制）很可能一样久远，尤其是当信息具有商业价值的时候。古语"知识就是力量"，以及一些最古老的文学，从荷马的《奥德赛》到希伯来文的《旧约》，为保持信息封闭的力量提供了充足的证据。毕竟，如果特洛伊人能察觉出木马的用途，则特洛伊木马对希腊人来说毫无用处。

但是当我们谈论"信息"时，是包含了我们头脑中的每一个想法以及我们所说的每一个字呢，还是指的是更受限制的东西：以永久形式记录下来的文字、思想和想法？

什么是开放（公开）？只是保密的反义词吗？开放信息是否意味着必须对用户免费？著作权和荣誉怎么办？"开放"的作品是否仍然要求得到创作者认可？最后，对于知识产权，比如版权和专利，怎么办？它们与开放信息和封闭信息如何关联？

3.1 什么是信息？

一般来讲，当我们谈论"信息"时，指的是知识、新闻、指示、事实细节、公式等等。例如，我们不会是指一首曲子或一首诗。然而，就本书而言，"信息"有更广泛的含义。它包括所有以数字形式或可数字化的持久形式记录的内容（如图书馆中的书籍）。

简言之，信息包括可以用任何语言，如方程式、音符、摩尔斯电码或机器代码，来书写的任何东西：除了客机的接线图，从人类基因组到太空中行星方位的数据库之外，还包括所有可以获得版权的东西，如音乐、图画和故事等需要想象力的作品，以及每一件可以授权专利的发明。

　　本书的目的是为了让尽可能多的人获得尽可能多的信息，这是因为财富和信息与创造它们的机会如今已经深深地交织在一起。当然，重要的是首先需要对本质上的私有信息和非私有信息加以区分。个人邮件和度假照片就属于隐私。隐私所涉及的不仅是我们自己生成的信息，还包括外部信息，如我们的健康记录、银行对账单和我们在超市的购物清单。

　　并非只有个人才拥有合法的私有信息，政府和公司也拥有这类信息。公司的内部规划和管理情况一般不会被外人正当或合法地得到。政府文件也是如此，甚至更为严格。有时候间谍或心怀不满的员工会窃取私有信息去售卖或出版，但这并不意味着这些信息是合法公开的。

　　另一方面，所有出版的书籍、所有的好莱坞电影、所有发行的唱片，都是非私有性质的，每个人都可以花钱买到。所有的药物配方、所有的研究成果和所有的发明，都是任何人可以出价购买的，因此都不属于私有信息。

　　如何管理我们的私有信息是涉及到哲学、技术、政治和法律等各个方面的重要主题。这不是本书的重点。本书只考虑非私有信息，即可以合理或合法地出售或转让给任何第三方的信息。因此，这本书中，"信息"指的是非私有信息，包含了几乎所有商业和文化上的重要信息，从电影到药物、软件、统计数据。

　　今天，尽管这些信息可以合理合法地与所有人共享，但实际上大部分信息都受到紧紧的控制。它受到版权法和专利法的限制，通过人为抬高价格或完全拒绝访问来限制使用和阻碍创新。本书的论点是，所有非私有信息都可以而且应该是公开的信息，创新者和创造者的报酬来自如报酬权等与之开放相容的机制，而不是我们今天的知识产权垄断制度。

　　以学术出版商爱思唯尔（Elsevier）为例，该公司每年策编成千上万页的新信息，其中大部分产生于公共资助的机构，但这些信息却有高达数千英镑的收费门槛[1]，对这些机构严格关闭。爱思唯尔聪明地将自己作为学术作者和学术读者之间的中介，即平台，控制着许多在各自领域处于小小垄断地位的期刊。像爱思唯尔这样的出版商越来越多地剥削他们本应该服务的学术社区，利用垄断力量年复一年地大幅度提高价格。与此同时，它们依赖于这些学者所提供的内容和大部分编辑工作。这些学者免费地提供了他们由公共资金所资助的劳动力以及他们的版权。由于学者们别无选择，因为他们必须在"声誉良好的期刊"上发表论文，就不得不像图书馆必须订阅期刊一样，必然会受到勒索。

　　这些垄断的做法使学术出版业声名狼藉，而这个大坝似乎很可能被打破，因为开源出版提供了一种灵活的、现代的、非垄断的选择，并具有文章可以随时更新的优势。与此同时，不能只考虑由科学出版产生的200亿英镑全球收入，还要考虑这些海量信息不能让所有人都公开获取而进行构建所造成的机会成本。想想那些没有写出来的论文和那些被错过了或者推迟了的突破，因为科学家们被迫在期刊上发表他们的工作成果，而这些期刊却把这些工作成果封存起来。

3.2　什么是开放？　自由地使用、借鉴和分享

　　那么，"开放"意味着什么呢？开放的信息不仅仅必须是可用的，而且是可以广泛、自由地使用、借鉴和共享的。

1　每年图书馆订阅一份在线期刊（通常是季刊）的费用高达数万英镑。斯蒂芬·布兰尼（Stephen Buranyi）在《卫报》（the Guardian）上发表了一份该领域的权威调查报告，爱思唯尔告诉他，它们每年刊登42万篇文章，有1400万名科学家委托爱思唯尔发表他们的研究结果，有80万名科学家贡献时间帮助它们进行编辑和同行评审。

这三个规定都是最基本的。要使信息被认为是开放的,首先,它必须让我们所有人使用而无需付费。第二,在技术上和法律上,我们可以自由地、不受限制地为自己的目的在它的基础上进行构建。最后,我们必须能够与所有人共享信息和在其基础上构建起来的任何东西。[1]

以信息为基础构建新事物是我们整个文化的基础。几乎没有人能真正白手起家。每个作家都会使用从其他作家那里学到的技巧(更不用说他的元素,无数代人遗赠给我们的词语)。所有的画家都向其他画家学习,不管是模仿他们还是反对他们。学习如何做某事意味着学习以新的方式适应现有的想法。实际上,我们在日常生活中使用的任何东西都是由他人设计和制造的,他们也是在合作中做成的。完全原创和独创的作品少之又少。正如艾萨克・牛顿所说:"如果我看得更远,那是因为我站在巨人的肩膀上。"

技术亦是如此,但依赖性更加显著。例如,智能手机融合了成千上万的想法和创新,包括大的、小的和微观的,它们积累了几十年甚至几百年。将它们整合在一起,就形成了技术进步。通过散布在大地上的蜂窝网络铁塔和相连的光纤电缆,使得手机能够连接进蜂窝网络并传输数据。把所有这些整合在一起的思想归功于那些拥有各种不同技能和知识的人。

智能手机技术到底涉及多少个创新很难说(看你究竟能追溯到多远?),但是,我们可以统计出所涉及到的专利的数量。为了在同时使用如此之多专利的情况下,使专利的实施变得切实可行,这些专利被聚合成所谓的专利池,使制造商只需支付单一的许可费,其后还可被分摊出

1　使用、重用和重新发布是开放性的三个核心特性,如开放知识基金会的"Open Definition"项目在其网站(https://opendefinition.org/)中所阐明的。

去。自然地，每位专利持有人热衷于将他们的专利放在专利池中，并且，已经在专利池的专利持有人倾向于反对新进入者，因为更多数量的专利意味着每个专利人收取更少的专利费，或者使一个项目需支付过于昂贵的专利费而无法进行。那么经过这场拼抢之后，3G 专利池中有多少专利呢？超过 7 500 项。也就是说，3G 组合了 7 500 多项仍然拥有有效专利的技术创新，这些技术创新的历史不超过 20 年。如果我们把旧的专利和发明包括进来，比如数字键盘，或者各种塑料的生产工艺，3G 技术所使用的技术创新的数量是无法计算的。

要做到开放，所有这些专利所涵盖的信息必须可以被自由地和普遍地使用、借鉴和共享。自由性和普遍性这两个性质是相辅相成的，一方可增强和扩展另一方。必须让所有人都享有使用、借鉴和分享的自由，不管其边界、财富或目的。例如，如果信息只对在美国的人开放，或者不能用于牟利，或者甚至不能用于军事目的，那么信息就是不开放的。普遍性对于开放性思想来说尤为重要，尽管有时可能令人不快。一位发明家可能不希望他的语音识别软件被用于加强轰炸人类的无人机。然而，就像苹果所发布的一项法令：禁止用其电脑在互联网上捣乱或发布恐怖分子视频。这是不切实际和无人监管的。开放的力量，就像言论自由的力量一样，在于它的可用性，不管人们想做什么都可使用它。增加无数个限制将会使系统变得笨拙不堪，而堆积如山的限制条件将会极大地损害创造力。

3.3　归属权、完整性和相同分享

虽然开放信息必须可供所有人使用、借鉴和分享，但必须施加三个重要的附加条件：归属权、完整性和坚持被分享的东西必须以相同的方式继续分享。

创作者可以坚持要归属权。这仅仅意味着必须以一种适当的方式对作品的作者(们)致谢,作品无论是一首歌还是一款软件。我们都很熟悉这些:小说家、作曲家和摄影师都会得到署名,专利也列出了他们的发明者。著作权并不是唯一的致谢形式。电影的致谢方式不仅告诉我们原著作者的名字,还告诉我们导演、演员和其他许多做出贡献的人的名字(有时甚至包括泡茶的实习生)。报纸对所使用的统计数据进行归属说明,不仅是出于法律原因,也是因为读者想知道引用的权威性。换句话说,列出创作者和提供消息来源是鉴定材料的一种方法。最详尽的做法有:学者们在发表的论文中会不遗余力地引用和归功以前的研究人员和资料来源,通常包括一份参考书目,以帮助其他人追踪和检查这些资料。

归属权具有几重目的。它提供了验证和确认:这些信息从何而来?我在哪里可以看到它的原件?它也是一种道德认知:这是由 X 建立的,或者建立在 Y 的工作之上。这类归功以及从中产生的声誉具有心理上的重要性和实际上的重要性,因为工作和资源的分配常常是建立在成就和声誉的基础之上。当一位创作者几乎不能直接从他的作品中赚钱或一无所得时,这个因素就变得更加重要。例如,一个数学上的突破或者一篇初次发现画家康斯太勃尔(Constable)的素描的新近学术论文。这一点在自由分发的开放材料方面尤其如此,因为它们越来越多地出现在互联网上。对归属权的要求通常对使用、重用或重新分发信息的人来说,几乎或者完全没有增加什么负担。

开放性所允许的第二条规定是要求尊重"完整性"。"完整性"是当前信息法规里的一个法律术语,指创作者对他的作品的使用或修改方式(无论该作品是自由得到的还是付费得到的)可施加的控制。例如,2006

年，有人提出"完整性"争议，试图阻止女性演员在意大利剧作家塞缪尔·贝克特（Samuel Beckett）的戏剧《等待戈多》中扮演主角。但是，由于这一权利可以用来阻止作品的新用途，它与开放理念的核心——自由性和普遍性相冲突。在开放的世界中，它们将被更狭义地解释。如果要将信息视为开放的，则"完整性"要求不应授予原创者对重用者进行更改的否决权。他人必须能够自由地将作品用于自己的目的。然而，一个合理的要求可能是声明和解释作品与母本的关系以及与母本的区别。

开放性所允许的第三条规定是相同共享（share-alike），要求那些重用被自由共享的作品的人必须以同样的方式开放地共享他们自己的作品，对该作品依次也有相同共享要求。以这种方式，开放性使创造力代代相传。

相同共享在重用作品很常见的领域中是非常重要的。"相同共享"概念起源于20世纪80年代理查德·斯托曼（Richard Stallman）在软件借鉴方面的工作，其中重用是普遍存在的现象。他担心的是，如果他自由开放地分享自己的作品，其他人可能会拿走并获得版权，而不是依次分享。"相同共享"的要求就解决了这个问题，而且这个制度的优点在于它不会给共享者带来任何负担。并且，它还具有棘轮效应，可以把越来越多的资料带入开放领域。每个使用这种资料的人都必须采用相同的制度，以此类推到第三代和第四代等。许多主要的开源信息项目，如维基百科（Wikipedia）、公开地图（OpenStreetMap）、GNU/Linux系统和安卓系统，都已经要求相同共享。

然而，这一切并不意味开源出版是纯粹的利他主义，是无偿地把自己的作品送给别人。开源出版可以通过一些机制获得回报，而且是采用比目前更公平、更有利于社会的方式。这也是开放愿景的一部分。但首先，我们现在到底处于什么位置？

第 4 章

作为"知识产权"的专利权和版权

　　在对信息的两种主要的垄断权利中,专利权被认为是对发明的思想或方法进行比较宽泛的涵盖,而版权则注重的是对原著进行精确的或近似精确的复制。版权最初是与印刷书籍的复制有关,现在已扩大到包括几乎所有的资料,只要它具有精确的语言或符号形式并因此可以复制,不仅包括如音乐和电影等文化作品,还包括如软件等商业信息。随着版权被扩展到涵盖如虚拟人物和软件界面的设计等内容,版权与专利权的区别变得有些模糊。虽然专利权和版权最初是不同的,但它们现在都被归类为信息垄断权,属于"知识产权"这同一棵树上的不同分支。

　　然而,区别仍然存在。例如,专利权的期限相对较短,即使延长,也很少超过 20 年。相比之下,目前版权的期限很长,经常垄断七十年或者超过了作者的寿命。一种很常见的情况是,作品的作者故去很久了,而他的作品仍由作者后代、受托人或者购买了版权的公司所控制。

　　除版权和专利权外,"知识产权"名头之下还有一些其他的信息权利。其中最重要的是商标,它本质上是一种控制品牌的权利。还有关于商业秘密的法律和一些诸如与数据库相关的比较新的权利。

　　然而,即使拥有所有这些形式的"知识产权",对创造性的回报也不是全面、公平或成比例的。最显而易见的是,许多日常事物的发明者得不到任何奖赏,因为这些事物是非产品的概念、是解决问题的手段,或者,该发明仅仅是某种行为方式,尽管它可使数十亿人受益但没有任何直接商业价值。例如,如果你是第一个发明交通环岛的人,它缓解了世界各地的交通堵塞，但你却无法申请专利。如果你解决了一个数学或物理上的复杂难题，你对答案不拥有垄断控制权，也不会直接从中获得经济回报。如果你写了一首歌词，你就享有一个版权。如果你为这首歌词谱了一首曲，你也享有一个版权。如果你发明了与这些音乐有关的闪光灯效应，你却不享有任何权利。

尽管专利权和版权的发展历史是漫长而复杂的，通常涉及对权利的范围与期限的扩展。它们最初是为垄断而设计的，一开始并不是像现代术语"知识产权"所要求的那样被解释为一种财产。不过，在过去的几十年里，专利和版权的倡导者们越来越多地寻求将专利权和版权与垄断性的负面联系脱钩，转而建立与私有财产这一更容易让人接受的观念的正面联系。

采用"知识产权"一词来指定对信息流传加以控制的法律专有权，并非无害。这个说法将这些限制与有形财产的传统权利建立起联系，这些传统权利通常是因为习俗和经验而受到尊重的（也许尤其是近数百年的经验，在这期间私有财产常常遭到灾难性的侵犯）。这种有意的混淆等同于修辞劫持。

信息不同于有形财产，它在使用上既不是竞争性的也不是独占性的。自然的，信息完全不是财产。你不可能拥有莫扎特的《第四十一交响曲》、费马大定理或国际象棋规则：它们一旦被创造出来，就会自由地流传。它们属于所有人。

同样的道理在本质上适用于新的歌曲、家具设计或小说。但在法律上并非如此，因为版权和专利的垄断权为创作者和投资者提供了一种从他们的努力和承担的风险中获利的方式，从而刺激了进一步的创作。然而，这些限制的实施是通过人为地限制他人访问、抬高价格和限制第三方在自己工作中重用信息的范围。我们不应该自欺欺人，将有形财产的独有性与限制我们访问和使用信息而有意施加的垄断这两者混淆起来。

罗伯特·穆西尔(Robert Musil)在他的小说《无德之人》(*The Man Without Qualities*)中写道:"火并不会因为它引燃了其他火焰而减少。"信息也是如此:并不会因为别人的使用而减少。布洛芬的配方和 Linux 系统的源代码不会因过度使用而受到损害。考虑到信息的非排他性和非独有性,对待信息的自然方式是采用开放模型(Open model),即一个所有人都可以访问的共享资源。事实上,经常有很多人在同时共享着信息,比如,观看世界杯决赛或奥运会 100 米比赛。这种分享本身就是人生体验中至关重要且丰富多彩的一部分。

自由共享不仅符合信息的本质,也是整个社会实现其全部利益的唯一途径。但是,如果没有创造信息产品的商业激励,人们可能一开始就不会去开发它们。一部好莱坞大片一旦制作完成,马上就可以在几秒钟内在互联网上复制,而几乎无需任何成本。但制作其主视频文件可能需要多年的努力和数千万甚至数亿美元的资金。因此,在允许信息开源共享与需要支付昂贵原版之间存在着矛盾。如果这部电影没有受到版权保护,允许免费复制,我们从哪里可以找到最初制作它的资源? 如果一个最终产生的治疗方法没有受到作为"知识产权"的垄断权的保护,谁又会为数十亿美元的医学研究提供资金? 这不仅攸关巨大的利益,也攸关声誉与生计。

创造力和创新当然应该得到认可和奖赏,但专有权并不是实现这一目标的唯一途径。例如,直到 18 世纪中期,许多作家和作曲家都得到了皇室和贵族的赞助。如今,艺术和科学的许多分支都是通过其他形式的赞助培养起来的,无论是通过商业赞助、大学资助、艺术委员会,或者(尤其是在美国)通过大型信托基金和基金会。创作者通常会得到间接的回报,包括对他们成就的认可,以及对他们声誉的追捧。爱因斯坦没有拥有他的思想的专有权。人们不会花钱去使用相对论或公式 $E = mc^2$。他公开发表这些论著，供所有人阅读、分析和借鉴。他的大部分职业生涯都是由公立或私立大学赞助的。

赞助的缺点是，你可能支持了错误的人选以及造成对富人的依赖。而市场机制为每个人提供机会，并根据创新的接受度具体地给予奖赏。该机制本身也有缺点，正如我们所看到的那样，尤其当创造者是垄断者的时候。不过，对创造信息产品的资助可以有比施加排他性垄断权更好的方式。例如，可以通过我们的税收以打包的方式筹集到购买已创造出来的信息产品的资金，就像我们筹集资金用于国防或道路建设一样。这样做既不会剥夺消费者的选择权也不会扼杀市场的自由。国家可以对资金筹集进行协调，而让市场和企业家来决定创造和消费什么信息：制作哪些电影、从事哪些医学研究、编写哪些软件等。

没有人愿意看到一个政府委员会来决定支持哪些作者或者应该编写什么软件，而宁可用传统的、需求驱动的市场机制来分配全部或者部分的筹集资金。创新者和创造者不再享有今天这样的专利权和版权垄断，而是被授予"报酬权"。根据一个信息产品产生的价值，例如，一种特定药物对改善健康的作用有多大，或者一首歌被播放了多少次，该信息产品所有者将有权从"报酬权"基金中获得报酬。

开放革命可行吗？答案是肯定的，它建立在坚实的经验和统计数据基础之上。世界上越来越多的软件是开放的。五分之四的智能手机上运行的是开源和免费的操作系统，它是由成千上万个组织和个人在过去40多年里开发出来的。而这发生在没有那类制度性公共基金的情况下，例如，自然科学基金。它也发生在不具有所谓的私有软件的财务优势的情况下。开放方法（Open approach）的几乎每个方面都在多个领域得到了成功的尝试：

1. 例如,互联网本身就是一个可以被人人使用的开放平台(Open Platform)的绝佳例子。在它里面,你可以找到数量庞大的开源资料(Open-source material),不仅可以使用,而且可以借鉴。

2. 我们用我们的赋税来支付一些信息。例如,BBC 是由所有看电视的人支付许可费,但它不是一个垄断企业,在法律上有义务将其一部分制作任务委托给其他地方。美国近一半的医疗研发是由纳税人直接资助的。

3. 一些机构,如收费协会已经根据播放和下载量来分配音乐唱片的收入。声田公司(Spotify)和网飞公司(Netflix)采取不限制访问次数的固定收费方式与开放方式也有很多共同之处。

4. 在不同时期的不同国家里,也有一些例子。例如,在没有药品专利许可的医疗市场。

第 5 章

直面强权

尽管平台型垄断企业如谷歌、脸书和微软公司,每个仅由独家公司组成,但并不是必须这样。平台可以是中立的,不为任何人所有,或者为所有使用它的人所有。为了世界的计算和通信需要,世界已经聚合在一个单独网络和单独协议集上。然而,互联网不由任何一家公司拥有或控制。只要你遵循互联网协议的技术细节以及用于排除反社会内容的确定法律规则,你就可以连接到互联网和其他用户。互联网是一个公正地在所有用户之间进行斡旋的平台。

将其与脸书相对照,你会看到事情有多么的不同:脸书提供媒体共享、通信、身份识别和垃圾邮件管理服务,但其协议和平台在很大程度上是专有的,并受它控制,该公司最终决定谁使用它们和用于做什么。这两种平台之间的区别通过 2018 年春季发生的"剑桥分析公司丑闻",变得非常明显。脸书在滥用个人信息方面承担了很大的责任,而没有人去谴责互联网本身。

脸书公司没有理由不像互联网那样,做到开放的协议和允许普遍访问。我们本可以有一个由用户拥有和控制的开放社交网络,就像互联网本身一样,而不是一个由独家公司所控制的私有社交网络,

在一个开放的社交网络中,任何人,他只要是能被正确地识别,都可以在这个平台上进行连接和创新。然而,就目前的情况来看(尽管我们可能没有意识到),脸书公司能够排除任何可能影响或威胁它的事情。例如,你不能用它来建立自己的社交网络,或者引入一个插件来屏蔽脸

书广告。

　　脸书的威力远远超出了它自己的网页。2010 年 11 月 2 日，在美国国会选举当天，脸书在其 6 100 万美国用户的新闻推送中，放置了一条关于投票的通知消息，以及一个"我投票了"的按钮，允许朋友们之间互相示意。脸书的意图本是无辜的，不涉及蓄意的党派之争。然而，其结果是惊人的。2012 年的分析报告显示，脸书的举动可能至少增加了 34 万张额外选票，占投票人数增长全部的 25％，使得脸书成为影响投票人数增长的最大的单一因素。虽然这一变化听起来不是很重要，但额外的投票人数可能是至关重要的。例如，2000 年戈尔和布什之间的选举最终在佛罗里达州以 537 票的微弱优势决定，这不到全部选民的 0.001％。2016 年，在宾夕法尼亚州、密歇根州和威斯康星州，如果特朗普（Donald Trump）的总票数仅发生 10 万张变化，希拉里（Hillary Clinton）就能当选总统。脸书在 2010 年做的干预非常小，只有一条信息和一个按钮。如果采取更协调一致或更有针对性的行动，如剑桥分析公司所做的，则可产生大得多的影响。

　　脸书在 2012 年重复了它的实验，但结果一直未公布。在 2014 年，脸书公布了其"情感状态"实验的结果，发现在一些用户的新闻推送中添加更多负面的或者更多正面的内容，都似乎会影响他们的情绪。在得到回应之后，脸书就对公开共享它的工作变得有些审慎起来。脸书也调查了如何通过凸显某些"硬"新闻去影响投票人数，但没有公布结果。人们无需质疑脸书目前的意图，就会发现这是一个令人担忧的问题。现在不可否认，这些平台具有潜在的巨大力量，这种力量可以被蓄意地用于政治目的。

　　不仅仅是脸书。2015 年发表在《美国国家科学院院刊》（*Proceedings of the National Academy of Sciences*）上的一项研究显

示,谷歌有能力通过提供的针对为某个政治家或某个政党的搜索结果来改变选举结果。在对真实世界的选民进行的一个简单实验中,研究人员证明,通过操纵搜索结果来提供更多正面结果或更多负面结果都会产生重大影响,尤其是对于那些尚未做出决定的选民。此外,他们还表明,这种效应足以改变世界各地进行的许多选举的结果,包括最近几次势均力敌的选举,比如特朗普和希拉里之间的美国总统竞选。

而西方国家一般会采取一些措施,以确保媒体的所有权不会变得过于集中。例如,在德国对任何一家公司所拥有的读者或观众的比例都进行明确的限制,诸如脸书或谷歌这样的平台,它们所取得的对用户注意力的主导地位远远超过历史上的任何报纸或广播。这种在社交媒体上近乎垄断的力量之所以更强大,是因为它不明确和不明显、缺乏透明度或监管,而且它有潜力去限制我们的言论、询问甚至思想的自由。

我们需要采取行动。但我们究竟能做什么,以及应该做什么?简单的监管似乎既不充分,也不可持续。当下一个脸书出现时,还会发生什么?此外,监管可能会进一步巩固这些垄断企业:善意的监管可能会很快变成严厉的规则,对新的竞争对手形成不可逾越的障碍,而对垄断者几乎没有阻碍(见下文联邦通信委员会和美国电话电报公司的例子)。此外,传统监管需要官僚监督,而官僚监督可能难以跟上创新的步伐。幸运的是,开放模型提供了另一种先进方式。它为垄断问题提供了一个解决方案,可避免严厉的监管,同时促进可持续的创新和自由竞争。通过使用报酬权向创新者支付报酬,我们可以把市场的力量和准则与互联网的开放性结合起来。

第 6 章

战胜封闭的思想：互联网

互联网是信息时代的基础设施。它是现代的公路和铁路，是一条信息高速公路。这也是我们所拥有的开放系统的最好的范例，它创造了一个开放的设计，为所有人提供了自由和可能性。它所赋予的自由使国际社会能够创出其原始设计者所无法想象的新用途。谷歌和亚马逊就是在互联网上推出的。正是在互联网上，10 亿个网站蓬勃发展；正是在互联网上，数字经济得以腾飞。

开放性是这一多产活动的核心，但它绝不是必然发生的，事实上，它是一种反常现象。其他电信网络都几乎是封闭的，它们只提供有限的连接方式和特定且有限形式的数据。网络所有者（如国有电话垄断企业）严密地守护着连接许可，并且，对它们的用途也都是预先确定好的。

1992 年，购买一本《蓝皮书》（由日内瓦国际电信联盟［ITU］出版）需花费 5 000 美元，这只是一本包含世界电话系统标准的手册。到了移动电话时代，从 1990 年代初到 2000 年代中期的主要标准是 GSM。如果你想建立自己的 GSM 系统，例如，用以从自己的手机接收信号的基站，你需要理解 GSM 如何工作以及得到使用这些信息的许可。哪一样都不可能做到：关于基站如何工作的信息被严格控制（直到 2010 年，一名白帽黑客设法获得了 eBay 上的一个 GSM 基站，并对协议进行了逆向工程）。无论如何，对于使用这些信息的许可，即使它是可得到的，也会受到大量专利的限制。

至于网络连通性，在 20 世纪的大部分时间里，各国政府通过有效的垄断对电话通讯系统进行监管，它们竭尽全力抵制遭到的侵占，就像亨利·塔特尔(Henry Tuttle)与美国商业巨头——美国电话电报公司(下称 AT&T)上演的《大卫和歌利亚(*David and Goliath*)》故事一样。

亨利·塔特尔先生自豪地发明了一种电话消音器，将其戏称为"Hush-a-Phone"。它是一个大塑料杯，当你把它接到电话听筒的一端，你周围的人就听不见你在说什么了。在塔特尔先生经营了多年后，在20世纪40年代末，他接到了一个令人震惊的消息：AT&T 将禁止使用诸如此类的设备，根据是 AT&T 与政府的协议中有一项模糊的规定：

> 未由电话公司提供的任何装备、仪器、电路或设备，不得与电话公司提供的设施相连接，无论是通过物理的、感应的还是其他方式。

简而言之，没有得到 AT&T 的许可，你不能连接任何东西，甚至是你自己的手机，也许包括你野餐篮子里的一个塑料杯。AT&T 网络在当时以及很久以后都是唯一可用的大规模通信网络，因而，AT&T 一直试图终止塔特尔这个完全无害的业务。1950 年，AT&T 将塔特尔告上法庭，或者更确切地说，告上了这一领域的监管机构(华盛顿特区的联邦通信委员会)的特别听证会。人们可能会误以为这是一件无关紧要的事情，涉及的是与这家电话公司没有竞争关系的一款不起眼的产品，并且只有微不足道数量的客户购买了它。但 AT&T 却一拥而上：数十名律师，外加一群专家证人和高层管理人员。而塔特尔只有他自己、他的律师和两位来自哈佛的声学教授。

对 AT&T 来说，这个案子不是关于"Hush-a-Phone"，而是关于与电话系统相连接的原则。在这背后有一个更大的问题：谁拥有控制权。因为，如果允许塔特尔先生去做他所做的事情，那么他们也可能不得不允许各种各样的其他创新被连接进来，如果许多人可以做不受控制和不受 AT&T 监督的事情，那么就存在潜在的危险。总有一天，有人会发明一些东西来扰乱它的业务。坐拥世界上最安全、最健全、由政府担保的垄断地位的一家公司，不会希望任何人插手它的任何业务，无论是处于多么次要的地位，甚至即使是不提供它的任何类似服务。

在五年的延期之后，联邦通信委员会（下称 FCC）发布了一项裁决，认为 Hush-a-Phone 确实"对电话系统有害，并损害了它所提供的服务"，因此 AT&T 有权利禁止它以及类似的设备。这个案子就此了结，为互联网的命运也蒙上了一层阴影。

真是这样吗？互联网与 Hush-a-Phone 是完全不同的。确实，它们有两个关键的共同特征。首先，两者都可以被理解为电话网络的附件。一个没有电话机的人不会去买一个 Hush-a-Phone 消音器。互联网必须通过电线（金属电缆或光缆）或电磁波（通过空气或太空）传送数据。要创造互联网，接入一个传输系统至关重要。而在 20 世纪末的美国，AT&T 是唯一的一家。因为正是 AT&T 用数百万英里长的铜线连接了美国国内几乎所有的家庭和企业，并将每一个地方网络连接成一个全国性的网络，它对高容量的长途线路进行了巨额投资。几十年后，才有真正的替代方案出现在城市内部，这是由有线电视公司安装的系统。其后，首先是由卫星提供商，然后是由互联网热潮投资的光纤线路，实现长途传输。即使在 50 多年后的今天，AT&T 和在其他国家的同类公司仍然是家庭和企业"最后一英里"连接的唯一提供者。总之，互联网或任何类似的服务，只能通过接入 AT&T 网络才能在美国运行。

因此，AT&T 公司竭尽全力地压制这种毫无害处的"Hush-a-Phone"。他们在证词中声称，这些设备对他们网络的安全和功能构成了威胁，并勾画出修理工受伤或触电的生动画面。如果他们认为一个塑料杯子可能是致命的，想象一下，当他们梦见了互联网这样的东西，他们还不变得歇斯底里？因为这意味着使用 AT&T 的电线来发送全新的信号和信息。不是将几件山寨仿制品，而是将整个电脑都要连到 AT&T 的线路上。

当然，FCC 并不知道，它在 1955 年做出的反竞争裁决所起的作用，不仅压制了不起眼的 Hush-a-Phone，还会压制接下来半个世纪中最伟大的技术突破。这是对创新政策最大的一个嘲讽和挑战：我们不知道自己的无知[1]。未来的世界没有它的说客和律师。我们不可避免地会根据预期或想象做出决定。但最重要、最激动人心的创新往往常常是那些我们无法预期的东西。这就是为什么开放性是如此重要而值得重申的原因：一个开放系统或平台允许任何人在其上进行构建，因而允许最大限度地创新。

幸运的是，亨利·塔特尔并没有沉默。他怒火中烧，尽管几年来付出了巨大的代价，仍坚决进行到底。他上诉到法院，1956 年，以巴泽隆（Bazelon）法官为首的一个联邦法官小组一致推翻了 FCC 的决定。此外，在判决书的结尾，在倒数第二句中，有一句关键的话。AT&T 的每个用户有权"在不损害公众利益的情况下，合理地使用他的电话，使之对私人有益"。这句话给予了互联网所需要的开放。它捅破了 AT&T 一直在捍卫的封闭系统。AT&T 的担心是对的，因为几年之后竞争就通过这个缺口进来了，它曾经强大无比的帝国将从根本上遭到致命的动摇。

1950 年，在 FCC 的 Hush-a-Phone 听证会上的两位专家证人是哈佛

---

1 当被问及新发现的电有什么用时，据说迈克尔·法拉第（Michael Faraday）的回答是："新生婴儿有什么用？"

大学声学教授利克利德(J. C. R. Licklider)和利奥・白瑞纳克(Leo Beranek)。在互联网的诞生及其独到的开放哲学中，两人都扮演了核心角色。在 20 世纪 50 年代后期，利克利德开始着迷于计算机以及如何改善计算机与人类之间的交互问题。1962 年，他被任命为美国五角大楼高级研究计划局(下称 ARPA)计算领域的基金主任。一下子，他控制的计算机科学研究预算比美国其他所有此类工作的预算总和还要多，他用这笔钱资助了当时一些最富想象力的、天马行空的研究。他的远见的核心思想是，如果计算机真的能提高人类的思维能力，那么我们就必须找到与之沟通的方式，以及两者之间相互沟通的方式。计算机联网可能性的最早一丝亮光开始显现。

利克利德在 ARPA 工作了两年之后就辞职了，但是他的想法日益增强，这不仅多亏了他的继任者鲍勃・泰勒(Bob Taylor)，也多亏了保罗・巴兰(Paul Baran)在兰德公司提出的包交换想法，以及多亏了其他许多人。1968 年 8 月，投标开始建造第一个原型实现，称为阿帕网(Arpanet)。它几年后就成为我们今天所知道的互联网的小树苗。建造它的合同给了一家小咨询公司，这家公司叫"Bolt, Beranek & Newman(下称 BBN)"，素以才华横溢和无拘无束而闻名，是由利克利德在哈佛的老同事利奥・白瑞纳克创立的。

这里不是要讲从原型到互联网所走过的漫长道路的历史，我们今天所拥有的互联网已拥有数十亿的日常用户和以 PB(1PB ＝ 1 024G)为单位的流量。这里强调的是互联网所承载的哲学，它与当时或此后存在的任何其他通信网络都截然不同：其核心是访问和信息的开放性。

这里有一个不寻常的例子：当博尔特(Bolt)、白瑞纳克(Beranek)和纽曼(Newman)三人在 1968 年建立最初的连接 4 台主机的网络时，人们不禁要问通过网络到底要发送什么信息？人们从来没有想到过要发送电子邮件和网页。BBN 负责创建可靠的物理链接，可以通过这些链接发送数据，但究竟是什么样的数据呢？

接下来看发生了什么？大学里一群感兴趣的研究生自发组成了一个网络工作组。他们联系 BBN 公司后，得到了非正式的批准。他们开始以"征求意见"为标题发布想法和规范，以表明其非正式性。在两者之间，他们发明了后来成为互联网协议的东西，并早早地、经常地、公开地发布。这是多么不同凡响，要知道 ARPA 是国防部的一个下属机构，常规的合同都是由官僚作风古板的大公司承包的（BBN 的主要竞标者是大型国防承包商雷神公司［Raytheorn］；计算机大公司 IBM 和 CDC 拒绝投标，因为他们认为这个项目一定会失败）。此外，美国所有的电信业务都由 AT&T 经营，它是一家最墨守成规、等级森严的公司。在 AT&T，研究生根本不可能参与这个项目，更不用说在一个完全开放的论坛上设计核心规范了。阿帕网以及此后的互联网的每一个主要规范，都是在没有任何官方委员会的情况下非正式地制定出来的。从一开始你就可以免费获得作为开放软件的每一个规范。（超过一定年龄的读者可能还记得，在第一次发电子邮件时，只需开立一个账户并按下"发送"键，这多么令人吃惊：没有费用、没有许可证、没有官方承运人。这在当时简直是奇迹。）

与此形成对比的是，传统的电话行业的标准是由委员会工作多年后制定的，访问这些标准受到严格律条的限制。不仅技术规范被国际电信联盟（ITU）封闭和严格控制，而且在 1992 年，当蓝皮书完全可以放到互联网上免费使用时，它仍然售价 5 000 美元，而且被锁定在一个陈旧的软件里，以至于 ITU 自己都无法正确读取它。

相比之下，在利克利德、巴兰和其他人的影响下，互联网拥有一个开放的架构。没有中央控制，网络是分布式的，任何人只要遵守协议，都可以将任何东西联网。这对 AT&T 来说太陌生了，以至于他们对其重要性视而不见。在 1972 年，阿帕网仍羽翼未丰、不为人所知，AT&T 公司被提供了接管阿帕网的机会。公司的高级经理和专家们对此考虑了数个月后，以与他们的网络不兼容为由婉言谢绝了。

AT&T 并不是唯一一家思想封闭的公司。上世纪 80 年代初，随着个人电脑的普及，几个国家的国有电信公司都创建了自己的小型信息网络，如法国电信（France Telecom）的 Minitel 和英国电信（British Telecom）的 Ceefax。其中一些比当时的互联网更高级：比万维网早了10 年，将天气预报和火车时刻表等实时信息送进了千家万户。但它们在一个关键方面与互联网不同：它们不是开放的。只有它们的所有者才能决定哪些信息可以进入这些服务中。

幸运的是，互联网打退了来自这些封闭系统的威胁。多亏学术界的精心培育所打下的坚实基础，它韧性十足。1980 年代中期，开启了由互联网接管世界的序幕。

这是怎么成为可能的呢？为何互联网如此不同呢？大部分要归功于政府提供的基金。互联网的初期几乎全部由美国政府的研究基金以及英国政府的一小部分基金资助（在英国，唐纳德·戴维斯[Donald Davies]领导下的国家物理实验室[National Physical Laboratory]的工作对包交换的发展至关重要）。更重要的是政府基金的资助形式。今天来看，ARPA 传奇般地展示了公共机构的潜力。它的工作人员都是外部人士，具有最少的官僚作风，可以自由大胆地下注。来自 ARPA 的资金不仅帮助我们创造了互联网，还包括数字生活的其他方面，如从用户界面到鼠标，以及我们现在认为都是理所当然的东西。这些资金富有远见，能看到一些前所未有的事物实现的可能。

除了在早期阶段得到政府的必要支持外，互联网还有幸在一个相对权力真空的环境中成熟起来。一开始，商业经营者们不明白发生了什么，以及这将如何影响他们的业务。在 1960 年代和 1970 年代，在白宫的支持下，FCC 对 AT&T 采取了越来越强硬的态度，坚持更大的开放度和竞争。结果，互联网在任何一个竞争者试图统治或控制它之前就已经早早地成熟了。如果 AT&T 继续垄断美国的数字网络，可能会有某种支持数字通信的系统，但它不太会像互联网，而是像法国的 Minitel 服务，范围非常有限，而且可能非常昂贵。果不其然，当互联网在 1990 年代初起飞时，从美国在线（AOL）到微软再到 AT&T，各大公司都试图夺取控制权，但为时已晚。互联网太大了，任何一家公司，甚至政府，都无法单独拥有。

从它们所建立的及周边的东西的数量、质量和速度方面来看，互联网和万维网是有史以来最伟大的创新平台，这很大程度上是因为没有垄断者去控制它们。然而，垄断是一个活生生的问题，因为如果没有促进开放的积极努力，我们的数字世界就会朝着专有垄断的方向发展。例如，脸书已在互联网上建立了一个专有层。越来越多的人不再登录互联网，而是直接登录脸书。对于我们大多数人来说，包括我自己，这一开始似乎是毫无害处的：脸书提供了非常好的服务，我所有的朋友都在使用它。即使当我使用它的时候，我们也很少会意识到它在越来越多地支配着我们对互联网的用途，无论我是在给朋友发信息、组织活动还是发布图片和想法。然而，脸书正在潜移默化地、逐渐地成为我们在线生活的场所。现在 80% 的社交流量都是通过这一家公司进行的。

脸书是一家垄断企业，它的首席执行官和投资者都渴望让它保持这种状态，所以该公司一直忙于确保围绕它进行的创新不会威胁到它，而是强化它。当然，我们很难看得到负面影响，以及那些从未成功或者已经被脸书吸收而被中和的公司和创新。当它们消失后，创新也就随之不见了。

　　想象一下，你今天想要建立一个有创意的社交网络。首先，你几乎肯定需要以某种方式与脸书合作，这样你的用户就可以与他们在脸书上的朋友及整个世界交换内容，而不是只与你的这个完全独立的网络上的朋友交换内容。但脸书是否有动机让这容易做到，或者它会有意无意地阻碍你的努力？唉！我们已知道答案。这是极大的讽刺：互联网的开放性使脸书成为可能，但是，现在开放性成为一种威胁，脸书正逐渐使互联网变得封闭起来。

　　作为更好方法的一个例子，下面让我们来看看音乐流媒体的运作。看看如何运作能使更广泛的大众，甚至整个国家受益。

第 7 章

传到耳边的音乐

音乐流媒体服务公司声田(Spotify)于 2006 年在瑞典成立,它支持用户在互联网上接二连三地听音乐,而无需下载它们。到 2017 年,它拥有 1.5 亿多位客户。在描述声田时,人们通常称它为"流媒体"服务,但流媒体实际上只是一个小把戏,甚至只是一种小花招。然而,流媒体是如何工作的呢?严格来说,它是指构成歌曲的信息以连续的"流"发送给用户,而不是在播放之前必须全部下载。这个区别的重要性在于,用户从不会拥有整首歌,他们只拥有在这一秒播放所需要的那部分。在许多方面,它与收音机非常相似。收音机只播放它接收到的广播节目的瞬时部分。你不能倒回过去听之前的部分,或者接收整个广播节目等到你喜欢的时候再播放。当然,收音机为何会这样是显而易见的:无线电波向每个人广播,收音机原本没有内置的录音和回放的手段。

不过,声田是通过互联网进行流媒体播放的,不受到上述限制。它不是广播:音乐被发送给每个单独的用户。那么为什么不允许每个用户下载音乐,或者至少可以随意暂停或跳过音轨(实现起来很简单)?有两个答案。从技术上讲,流媒体有一个优势,那就是用户在开始听之前不需要等待整个音轨下载,他们可以在音轨的第一块到达的时刻就开始听。但这是一个很有限的优点。很容易做到在后台排队下载歌曲,这样,在播完前一首歌曲之后,下面的马上就准备好了。而且没有技术问题可以阻止用户暂停、跳过或保留歌曲的拷贝以便后续听。施加这些限制的原因是版权法。

一旦可以 CD 的形式获得数字音乐，并且互联网也有了合适的带宽，自然而然的事情就是把音乐放到互联网上，让人们听到他们想听的音乐。人们可以免费收听，因为通过使用点对点（peer to peer）分发，用户可以轻而易举地互相下载。这就是当时人们立即开始做的事情，最著名的是使用免费平台 Napster。但在 2001 年，美国一家法院裁定 Napster 是非法的，理由是尽管 Napster 本身不提供任何内容，但它允许其用户大规模地侵犯版权，因为这些用户下载和收听音乐时没有付费或没有获得许可。

新一代的公司，比如声田和 Last. fm，吸取了教训。虽然它们可以做到让用户更容易地下载他们想要的任何东西，但它们还是想尽办法来限制这一点，并使他们的在线服务的方式像广播一样。这是为什么？因为广播电台在版权方面具有特殊的法律地位，这要归功于数十年来的谈判和立法，这使得广播电台与版权持有者（如唱片公司）达成了和解。

广播电台拥有来自"收费协会"的一揽子许可证，允许它们在播放音乐时不需要获得每首歌曲的许可证。然后，收费协会将这一大笔钱分给版权持有者，大致按播放时间的比例进行分配。[1]

因此，当流媒体开始出现时，这些公司推断，如果它们能够向消费者提供与广播足够类似的东西，它们就可以避免就单独的授权协议进行谈判，而是使用来自收费协会的一揽子许可证。如果不是这样，流媒体几乎是不可能的，因此声田，Last. fm 和其他公司蓄意地对他们的产品做

---

[1] 各个国家的情况会有所不同。在美国，广播公司只向作曲家付费，但不必向演唱者付费。这两项版权自第二项版权 1972 年创建起就截然不同，该豁免主要是由于当时广播游说团体的力量。它的观点是，广播公司通过在电波中宣传演唱者的唱片，已经为他们提供了有价值的服务。唱片公司显然也是这么认为的，因为他们会投入大量的金钱（有时是非法的），为了让著名的电台播放他们的艺术家的唱片。

了手脚,例如,限制用户在 24 小时内跳过音轨的次数。

然后,一旦这些公司开始建立起用户基础和从投资者那里拿到钱,他们就与单个的唱片公司和艺术家进行许可证谈判,以便他们可以开始对用户的选项进行收费,如选择自己喜爱的音轨或下载音乐,为了能在任何时候可以听(不过,声田没有得到泰勒·斯威夫特(Taylor Swift)等几位重要艺术家的授权,因为版权持有者认为版税太低)。[1]

然而,即使是高端版本服务也有限制。例如,声田更像是一种租赁服务,而不是零售商:如果你停止订阅它的付费服务,你就失去了对所有已下载音乐的访问权,这是让你续费的一个相当大的动力。这一限制既是来自声田与唱片公司的协议,也是来自它自身的利益。你不能只是简单地下载了所有你想要的歌曲之后,就取消你的订阅。一位用户指出,声田的高端服务令人上瘾。一旦上瘾,就很难戒掉:"我坚持了两个月,最后又回到高端服务,毕竟花 9.99 美元来满足嗜好,不算太多。"

没有每首歌的费用,也没有使用的限制,这个"任你吃"式自助餐是一个原型,反映了开放世界如何运作的一个方面。当然,必须以某种方式筹集钱款,以支持它的运行。但可以不是每月向声田支付近 10 美元的方式,而是可以合并在你的缴税中的一笔特殊费用,也可以加到你的互联网账单或移动电话账单中。然后,这笔钱根据使用情况,通过报酬权进行分配。

假设荷兰已经转变为一个开放型国家。任何地方录制的每一张唱片都可以在荷兰境内公开地得到,但要设置一堵电子墙,防止其他国家的人访问这些唱片(至少在这些国家也变为开放型之前)。任何荷兰居

1　披头士乐队对流媒体音频平台的抵制是最著名的,但自 2016 年起,他们的大部分曲目都可以从平台上得到了。

民都可以自由地聆听、分享或混音任何唱片或作品。为了支付这笔费用，例如，政府可以在每个人的手机流量套餐中增加一小笔费用。与声田的收费不同，这笔费用将是非常低的。

究竟有多低？好吧，让我们来看看要付给创作者们多少钱，使他们能够得到比现在更多的钱。目前，在荷兰音乐的全年总收入大约为 1.5 亿欧元，其中，大概不到 60％ 的收入资金付给了创作者。让我们更大方一些，假设所有的收入都付给了创作者。荷兰大约有 1500 万个成年人，这样，每个成年人为目前所有使用的音乐唱片所支付的固定费用将是每人每年 10 欧元。每月 85 美分的费用，还不到声田每月 10 欧元的十分之一。假如这项税款只由订购互联网的用户支付，那么每条宽带连接的月费用将在 1.75 欧元左右。

无论采用何种方法为音乐行业筹集基金，可以有多种分配基金的机制，并且这些机制可以结合起来使用。考虑到在艺术判断中个人品味的重要性，它们的权重会有所不同。以下是建议的几种分配方法：

● 报酬权。比如 80％ 的基金将分发给作曲者和录音者，并使每位持有者享有一份报酬权基金。这大约按作品的使用量比例进行分配。在该行业中，已经在广泛使用一个法律和行政框架。例如，作曲家向录音艺术家提供自动的固定费用许可证，而收费协会为商店、酒吧和夜总会等商业用户的演出管理一揽子许可证。在开放世界中，绝大多数资金将以这种方式进行分配。还有一个可能的改变，会使分配更加进步，就是减少支付给最大牌明星的费用比例，从而给那些低收入的人多支付一些，以支持崭露头角的新人和试验性作品，这已经被一些收费协会所倡导。

● 由专家遴选的传统资助基金（比如 10％）被预付给特定的艺术家或团体，用于创作新的作品和唱片。这与世界各地现有的公共艺术项目所做的事情类似，尽管它涵盖信息生产，但不包括现场表演。

● 用户选择（如"Kickstarter"模式[1]或"X-Factor"模式）。比如 10％的基金用于支持一些积极的消费者选择，将其分配给特定的艺术家、项目甚至总政策（例如，支持布鲁斯艺术家）。由艺术家提出一些预算项目，比如出一张专辑或一首新歌。每个公民都将被分配有"表决式经费"，用于支持这些项目（与按比例分配的未使用的经费一起）。这使得公众对预付基金有一定的控制权，这与 Kickstarter 的众筹模式或者 X-Factor 节目的观众投票有相似之处。

因此，可以在荷兰建立一个开放的音乐系统，付给艺术家们的钱比他们现在得到的多，而你花费比每个月坐公共汽车的费用还少，甚至比一瓶水的费用还少。也许这项税收可以加到塑料瓶装水里！

增加访问和使用的好处究竟有多大？不可能准确地说出来。到底增加了多少种额外的用途？使一个孩子有机会去聆听贝多芬的第九交响乐，或者一位老奶奶能伴着她年轻时的热门舞曲跳舞，又是多大的价值？不过，有一些方法可计算出一个大致的货币价值。最好的、也是最新的估算来自阿姆斯特丹大学（Amsterdam University）信息法律研究所（Institute for Information Law）的伯恩特·赫根霍尔茨（Bernt Hugenholtz）教授领导的一个团队。他们在 2012 年至 2015 年期间进行了一项研究。研究结果表明，采用一个替代的补偿系统的开放音乐模式，将为荷兰社会每年创造 6 亿欧元的附加价值，是全国唱片业全年总收入的四倍多。[2]

1　Kickstarter 是一个为创意方案众筹的网站平台。

2　《离去意味着烦恼，逗留意味着加倍：在线授权唱片音乐的价值》，克里斯蒂安·汉德克（Christian Handke）、博多·巴拉兹（Bodo Balazs）和琼·约瑟普·瓦尔贝（Joan-Josep Vallbe）发表在 2015 年 5 月 22 日的《文化经济学杂志》上。项目网站：https://www.ivir.nl/projects/copyrightin-age-access-alternatives-to-copyright-enforcement/（最近访问时间为 2018 年 3 月）。

即使是这样，也几乎肯定低估了它带来的利益，因为还没有包括由于减少或消除当前低效率体制中的成本所带来的其他利益。例如，传统授权中的所有法律成本、版权所有者起诉侵权者的执行成本、试图阻止文件共享的成本，等等。排斥是私人垄断的关键，对机会的浪费变成了对财富的浪费。被排斥在外的用户通常会试图绕过付费墙，比如，让订购了某项服务的朋友轮流不断地向他们传输或者下载并分享。由于这样会减少潜在客户群，声田做了各种各样的事情来限制该服务，甚至有人会说是削弱该服务。特别是，它使用数字版权管理系统（下称 DRM）去加密所有发送给你的音乐，使得只有你才能播放。用户不能使用任何他们喜欢的应用程序来播放音乐，而且在将音乐复制到另一个设备上时，也只能通过声田的应用程序。然后，声田不得不花费时间和金钱来保卫 DRM，对抗那些想要黑掉或禁用 DRM 的人，并起诉任何想要这么做的人。[1] 总之，它花费了大量的时间和金钱来实现和维护系统，目的是使得其服务不那么有用。

这种精心设计的数字障碍并不是音乐所独有的，它们有多种形式。这些限制的范围包括：哪些英国广播公司（BBC）节目可以自由访问（当然，是由英国公众付费的）并且限制在何时何地访问，以及数字化水印、围绕报纸的付费墙，以及复杂的《牛津英语词典》登录程序等。无成本复制是数字世界做出的极其出色的事情，而为了阻止它而开发出来的自毁技术，如今已成为一个价值数亿美元的产业。一些人在其整个职业生涯中都在想方设法用越来越拜占庭式的复杂诡秘手段来挫败和激怒我们

---

1 2004 年，科里·多克托罗（Cory Doctorow）在微软研究院（Microsoft Research）的一次演讲中，准确而诙谐地批评了 DRM 的缺点。正如他所指出的，DRM 和反规避技术的一个令人生疑之处是，它使公司能够对于那些没有版权法依据的信息的使用也施加新的限制。（http://craphound.com/msftdrm.txt）

这些普通人。这是人类浪费时间的绝佳例子。在一个开放的系统中,这些成本将大大降低或完全消除。(有些人会说,这些成本支付了技术人员、官僚和律师的工作费用,但如果这些工作不需要去做,它们根本就没有成效。释放这些人去做有成效的工作,本身就能让经济受益。)

此外,荷兰的阿姆斯特丹数据可能低估了获益,因为它们只关注了访问方面,而没有考虑与创造力和文化自由相关联的潜在获益。如果可以不受约束地访问前人作品,就有更多的资料可以借鉴。因而,就有更多的东西去激发有潜力艺术家的灵感,社会也变得更加丰富。

复用在音乐中很常见也很重要,表演者演奏别人创作的作品,作曲家借用并精心制作前人艺术家的作品。并且,随着嘻哈音乐(hip-hop)等流派的发展,人们越来越直接地这么做。复用很自然地适合于开放框架。正如我们所看到的,任何人都可以自由地借鉴他人的工作,但之后有义务将自己因报酬权所得到的报酬(或其他收入)的一部分支付给那些他们复用了其工作的人。

与现今版权制度的主要区别在于,复用将更容易、更灵活,因为唱片公司和创作者将拥有报酬权,而不是垄断权。由版权为荣誉和认可(或归属)提供的道德权利将保留在这个模式中,这样,无论其作品在哪里被使用或被复用,艺术家们将继续享有获得荣誉的权利。

这种新的报酬权方法也能直接获益,因为有更多的资源来资助新唱片,它意味着创作出更多可欣赏的音乐。这取决于如何分配额外的 6 亿欧元价值。一种选择是,按照经通胀调整后的数字,相当于目前每年 1.5 亿欧元的款项,向唱片公司和音乐创作者支付,并将额外的 6 亿欧元价值送给用户。这意味着,荷兰公民每月支付不到 1 欧元,就可获得 35 欧元的价值。

另一种选择是将一部分额外价值分配给唱片公司和艺术家。例如,如果人们愿意支付每月 3 欧元的费用(有一些人可能会自愿地贡献更多),支付给艺术家和唱片公司的钱可以增加 3 倍多,这是一大笔钱,同时,消费者仍然会收到高于 30 欧元的额外好处。因此,开放音乐模式对公民、艺术家和唱片公司都有巨大的好处:更多的艺术家会得到报酬,他们可以创作出更多的音乐,使得任何人都可以在任何时间、以任何方式听他们想听的音乐。

7.1 我们需要开放模型吗? 声田不够吗?

但我们真的需要政府来征收税款吗? 还是可以让声田这样的私营公司来解决这个问题?

声田属于准开放型,显然消费者喜欢它的固定费用、不限次数的访问模式。然而,它也存在有缺陷,例如在商业老手的手中正在发展的商业垄断和缺乏普遍性访问。此外,将价格定在每个人都能访问的水平,绝不会符合声田的商业利益。因此,与开放系统相比,它为艺术家和听众仅提供受到很多限制的服务。

声田绝不会给所有的人都提供访问服务,因为用户对这项服务的付费意愿各不相同。有些人会为它付很多钱,因为他们非常重视它,或者只是因为他们很有钱。另一些人乐意尽可能少地付钱,而有些人只能付很少的钱,因为音乐对他们来说并不重要,或者他们根本就没有钱。然而,声田很难区分谁属于哪一类,不得不为所有人设定一个统一的价格。像声田这样的营利性公司绝不会为用户设定达到最大化访问的价格。这是因为在某种程度上,尽管降低价格会给声田带来更多的客户,但它带来的客户数量不足以弥补现有用户身上的收入下降。因此,私人垄断几乎保证会排斥大量的潜在用户[1]。而开放音乐模式通过提供普遍的服务和允许上千种服务蓬勃发展来解决这个问题。

从根本上来说,平台拥有者的关注点与用户和艺术家不同:具有竞争的开放平台对用户和艺术家来说或许是很好的,但是垄断型平台对投资者来说更具有吸引力。进而,像声田这样的平台有强大的动力去利用它的力量塑造这样一个生态系统的发展,在那里可以保持和加强它的掌控力。特别是,它想要限制或扼杀那些会威胁到它的垄断地位的创新或发展。如果对这种垄断地位不加以遏制,所赋予的权利将控制人们听音乐、控制艺术家和唱片公司、以及控制与音乐访问和发现有关的技术创新。

开放模式不会是一个剥削艺术家和用户的专属平台,而是一个中立的、民主监督的平台。它在用户和供应商之间进行中介、制定规则、收取费用,并进行优化设置,使其优化包括用户和创作者在内的整个社会的结果。

不需要政府建立自己的声田,也不需要国家运行流媒体服务、为你的手机创建应用程序(app)或存储你的播放列表。它所能做的是建立一个标准化的、自动化的、一揽子许可证制度。在这个制度下,任何公司都可以通过提供播放列表和 app 应用程序来建立提供音乐的服务。与今天的声田不同,这些提供商将只以技术分销商的身份进行中介,而不是以法定分销商的身份。他们不需谈判许可权问题。换句话说,在开放

---

1 在市场供应方面亦是如此。声田为流媒体播放的唱片付费,如果它拥有垄断地位,那么在与唱片公司和艺术家谈判时,它将处于更强有力的地位,并会压低价格。这会导致更少的唱片被制作出来,从而对整体造成损害。唱片公司和艺术家们已经开始担心声田这样的平台的力量,而垄断将使这种力量成倍增长。相反,制作人应该支持一种开放的音乐模式,确保艺术家有更多的渠道、更多的曝光率,以及通过更强的讨价还价能力长期达成较好的协议。

音乐模式中，国家将为音乐的许可权提供一个普遍的法律协议。这不仅提供了对音乐的普遍访问和对艺术家更好的协议，还使得在为用户提供音乐的新技术途径方面的创新成为可能。这个开放的法律协议将为音乐服务提供商创造一个竞争市场，就像开放式互联网协议为互联网服务提供商创造了一个竞争市场一样（我们的联网都依赖于这些提供商）。

这不是一个能进行国有化的计划。国家支持的垄断是可怕的，它会将私人垄断的弊端与官僚体制层结合在一起。在这种情况下，国家的职能被用于提高竞争力。当初正是由国家授予了版权垄断权；如果现在将其替代为引入一揽子强制许可证，就可减少那些不合意的垄断。

任何人都可以自由地通过任何渠道提供新唱片，并根据音乐的播放次数，从报酬权基金中赚取一定份额的钱。作为回报，市民们可以在任何时间、任何地点、从任何人那里访问到音乐。最后，可能也是最重要的一点，将不会有任何限制来阻止人们在许可平台上进行构建：任何人都可以创建与音乐相关的新业务或新类型的业务。这不仅会刺激与音乐写作、制作和发行直接相关的科技行业的创新，还会对完全不同的行业产生间接影响，比如，播放音乐的餐馆，或者需要音乐数据库来训练机器学习算法的人工智能初创企业。

这同样适用于其他媒体。网飞（Netflix）就是一个很好的例子。像声田一样，它提供了一个固定价格的、"任你吃"式的电影和电视自助大餐。像声田一样，它是一个平台，根据它将成为压倒性优势的潜力，其股票市场的估值巨大。像声田一样，它展示了一种开放的模式在电影和电视情形下是如何运作的。就像在音乐领域有收费协会一样，在电视领域，也有由国家协调的开放模式如何运作的实际案例，尽管其形式与本文提出的报酬权方法略有不同。英国广播公司（BBC）向英国居民免费提供内容,几乎所有居民都以电视许可证的形式缴纳费用。其他许多国家也存在类似的公共服务广播模式(例如德国的广播电视费)。然而,就像音乐一样,当前的电影和电视产业结构是低效的、混乱的,并且倾向于由一家公司主导。但作为商业,电影和电视的规模要比音乐大一个数量级,我们可能从开放模式中获得的好处也会相应更大,每年都会增加数十亿英镑(或欧元、美元)的价值。

在一个开放的世界里,对音乐的初期资助可以从目前的水平起步。全球音乐产业的全年总收入约为 150 亿美元。但据估计,其中只有 13% 流向了艺术家们,而大约四分之一投资于营销和推广。在一个开放世界里,艺术家们通常会得到更高的比例,但会为自己音乐的营销付费。例如,假设现在 40% 的收入都给了艺术家们。届时,全球每年用于替代来自垄断权收入的必备资金大约为 60 亿美元,其中,最大的份额将来自于美国和欧盟(各占全球音乐市场的三分之一左右)和日本(占 18%)。

这些收入可以由政府通过几种方法筹集。如果通过普遍征税来实现,那么美国每人每月需缴纳不到 1 美元的税。另外的方法有,例如,可以对播放或存储音乐的数字设备征税。2015 年,美国有 2.64 亿美元的互联网和手机套餐,可在每个月的账单里增加 0.62 美元。

一个更新颖的方法是对在线广告征税。许多主要的在线业务,尤其是那些使用内容的业务的大量资金来自广告。例如,谷歌几乎所有的收入都来自广告,它严重依赖于自由地使用他人内容。YouTube 由其他网站提供的视频和音乐组成。如果不能对网站上的全部内容进行访问,谷歌的搜索引擎将变得毫无价值。同样,脸书的收入几乎全部来自广告,其实它的观众是被用户自己的内容所吸引。目前,所有这些收入中只有微不足道的一小部分付给了创作者。谷歌的搜索引擎广告收入几乎没有一分钱给创作者，甚至连执行收入分成协议的 YouTube 也只把一小部分收入支付给版权持有者。因此，对在线广告收入征税，为公开的信息产品提供资金，从公平的角度看是具有吸引力的，也是让艺术家们和版权持有人受益的一种透明手段。

第 8 章

生命的奥秘如何差点永远成为秘密

2000 年 6 月 26 日,在华盛顿和伦敦,比尔·克林顿(Bill Clinton)和托尼·布莱尔(Tony Blair)联合向全世界宣布第一个人类基因组草图正式完成,它是我们人类共同的遗传密码。这一成就堪比人类登上月球甚至轮子的发明。不过在该声明和大部分新闻报道中都没有提及一个关键事实,即基因组这一大自然的终极数据库,将是"开放的",会公开、自由地提供给任何人查看和使用,无论他们是研究人员、初创公司还是小学生。

新闻报道也没有说清楚有一件事究竟离我们有多近,即我们差一点得到的是一个被这样"封闭"起来的基因组,它被某家私人公司控制和拥有,只有那些付费的人才拥有访问权限,而且这家公司主张将信息封闭起来,以保护其垄断地位。

这是件很重要的事情:人类基因组是一个由 30 亿个碱基组成的字母串,它提供了如何形成一个人的秘诀,从蛋白质到细胞,再到整个鲜活的、会呼吸的生命。该数据库对科学和医学具有巨大的价值,它使我们能够定位和了解基因,可能掌握如何治疗从囊性纤维变性到癌症等各种疾病的关键。

基因组的"开放",意味着有尽可能多的人可以进行破译、分析、使用和改进方面的工作。而且由于它是开放的而不是封闭的,还加速了研究和刺激了创新,这已经拯救了许多生命,并创造了数十亿美元的社会和个人价值。在 2013 年,经济学家们估计,向所有人开放这些信息促成了

20—30％增长的后续研究和产品开发。而且除了单纯的经济考虑之外，人类共同的遗传密码由每个人共享显然是再恰当不过的，它本身就应该被所有人共享；而任由它被一个独家垄断的厂商所拥有，反倒是一件滑稽事。

人类基因组是迄今为止人们所见到的最大的开放信息项目之一。它表明信息公开是可能的，也是可取的。公共、开放的信息已很好地证明：它具有更低的成本、能更快地产生成果，而且为社会带来了更大的价值。基因组计划不是个小项目：需要数亿美元的公共和慈善资金才得以实现。任何人如果怀疑开放信息是否可以有效且高效率地进行大规模创建，只需通过看看下面这个例子就可以得到确认。

开放基因组也是所有公共资助的科学研究的一个缩影，这是一项长期积累的事业，从 17 世纪的伦敦皇家学会（Royal Society）一直延续到今天的美国国家卫生研究院（National Institute of Health）。总体上来说，科学事业几乎肯定一直是新信息、新知识的最大制造者，而开放性是它的核心。尽管它最近遭受了一些腐败（特别是来自私有出版商的腐败和商业化的压力），公共资助的科学仍然致力于信息的开放性创造和共享。科学的本质是"发表"：与其他科学家和整个社会分享研究成果。开放性是科学的积累性和合作性的核心。就像艾萨克·牛顿（Issac Newton）所说的，每位科学家都是站在前面走过的人的肩膀上。

8.1　生命的奥秘

1953 年 2 月 28 日，弗朗西斯·克里克（Francis Crick）在剑桥大学贝尼特街的老鹰酒吧里站起来，高喊"我们发现了生命的奥秘"。尽管历史没有讲述，那天午餐时间，他的酒友们是否明白了他的意思，但是，今天我们知道：他的意思是，他和他的同事詹姆斯·沃森(James Watson)发现了 DNA 的结构，这种在所有动物(包括人类)细胞内携带遗传密码的物质。

这是我们身体内每一个细胞的编码，决定着从头发的颜色到肾脏功能的一切。沃森和克里克已经证明，它是两条由四个碱基或"字母"A、C、G、T 构成的长序列，它们共同编织成一个双螺旋结构。(一条含有 30 亿个碱基的序列是如此之长，如果你把 DNA 放大到一根棉线的宽度，它将延伸到将近 200 公里长。)在这个序列中，有很多比较短的字母串，它们构成每种蛋白质的编码，这些子串被称为"基因"。在 DNA 序列中，有数以百万计的基因，被"垃圾"DNA 块分割开来，这些块之所以称为垃圾，是因为它什么都不做(或者，至少我们还不知道它能做什么)。基因为我们所需要的每一种蛋白质进行编码，再从这些蛋白质开始，构建我们身体内的所有细胞。

剑桥大学卡文迪许(Cavendish)实验室里对 DNA 结构的发现，为世界打开了广阔的新视野。沃森和克里克知道，计算出完整的 DNA 序列就意味着拥有生命自身的完整密码。该序列以及其中的基因图谱，将成为理解生物学和医学中至关重要问题的基础，例如，理解进化的基本性质和遗传疾病的根源。它使得科学家能够研究细胞分化的机制，发现含有完全相同 DNA 的细胞是如何在身体内从事不同的专门任务。例如，一些成为肝细胞，负责清洁血液，而另一些成为眼睛的一部分，使我们能够看见。如果我们能理解这种分化，就能研究出如何培养任何类型的新细胞，来治愈或替换身体上已经磨损或损坏的部分。

从 1953 年沃森和克里克在《自然》杂志发表的论文中宣布他们的发现时开始，一场针对我们 DNA 进行测序的追求就开始了。然而，科学家们知道这并非易事。虽然结构已经猜到了，但仍然没有办法检查或阅读单独的碱基。而且，即使这个序列知道了，但 DNA 如何起作用，基因如何创造出生命体，这些都是未解之谜。

沃森和克里克的论文发表，告知科学家们测序是可能的。但直到近 50 年后，也就是 2000 年 6 月，国际人类基因组序列联盟（International Human Genome Sequence Consortium）才宣布完成了第一个完整的人类基因组草图，并且对所有人开放。

然而，在最后的阶段，基因组测序变成了两个相互竞争的模式之间的竞赛。一方是由政府资助的科学家，他们致力于产生一个开放的基因组供所有人使用。另一方是一家私人公司，赛莱拉基因组公司（Celera Genomics），它寻求对基因组的专有控制权以及对其中宝贵基因的专利权。

8.2 读取编码

1970 年代，英国生物化学家弗雷德·桑格（Fred Sanger）发明了第一个能读取 DNA 序列中各个碱基的实用方法。利用这个方法，他和他的团队第一次读取了噬菌体 phiX174 的完整生物体的序列，选择它是因为它的整个基因组只有 5 000 个碱基。他们的技术包括将 DNA 分裂成片段，对其"克隆"生成大量的副本，通过进行复杂的化学反应，对这些片段进行测序，然后极其仔细地将它们按顺序重新连接在一起。这使得桑格分享了 1980 年诺贝尔化学奖，今天的测序仪基本上仍然使用相同的技术。

一开始，每个操作都是手工完成的，读几千个碱基要花好几年的时间。但随着时间的推移，这项技术得到了改进。到 1980 年代中期，人们开始谈论对更大的生命体，甚至是人类，进行测序。1986 年，在美国卫生与环境研究办公室（Office of Health and Environmental Research）在圣达菲召开的一次会议上，哈佛大学研究员沃尔特·吉尔伯特（Walter Gilbert）估计，花费 1 美元读取每一个字母，就可以读取整个人类编码（整个人类基因组需要 30 亿美元），并将在 2000 年代中期完成。鉴于当时的技术状况，这两个估计都被认为是过于乐观。因此，人们强烈地反对在一个项目上花这么多钱。然而，两股重要的力量正在汇合一处：企业提供的技术可行性与主要基金资助者对生物"大科学"日益增长的兴趣。人类基因组是一项能够被新闻记者们理解的雄心勃勃、抢头条的项目，也是政治家和亿万富翁们喜欢的能够让自己的名字与之联系在一起的机会。这正是那种能够吸引庞大资金来完成工作的项目。

1989 年，美国国会批准了这项资金。第二年正式成立了人类基因组计划，由詹姆斯·沃森亲自领导，目标是在 2005 年完成。包括日本、法国和英国等其他国家也很积极。事实上，尽管英国的规模相对较小，但它在随后的研究中发挥了主导作用，这在很大程度上要归功于约翰·萨尔斯顿（John Sulston）和他在剑桥大学 MRC 分子生物学实验室的团队。

8.3 线虫和人类基因组

萨尔斯顿是那种很难虚构出来的人物。他曾经花了一年半的时间，每天两次在显微镜下连续观察 4 个小时，以能够实时跟踪线虫胚胎中的细胞分裂。他对科学充满激情，把它作为一种崇高的使命，不是为了名和利，而是作为一种开放和共享的事业，以致力于更好地理解我们的世界。他谦逊、专注、戴着眼镜，留着大胡子（偶尔还会穿拖鞋），是教科书中超凡脱俗的科学家。在获得 2002 年诺贝尔奖两年后，他受邀在日内瓦就科学的开放性发表演讲。由于当地旅馆的价格，组织者缺乏资金，为了帮助解决这个问题，萨尔斯顿愉快地自愿住宿在当地的青年招待所。然而，尽管萨尔斯顿看上去不那么世俗，但他有着坚定的决心和不容置疑的政治和管理能力。在而后的岁月里，随着基因组计划在规模、复杂性和紧迫性方面的不断增大，这些能力被证明是至关重要的。

到 1990 年，他已经花了近四分之一个世纪的时间来研究线虫的遗传学和发育生物学。至关重要的是，在过去的五年里，他一直在绘制其基因组的"图谱"。他的团队是这一领域的两大领军者之一，另一个是他在圣路易斯华盛顿大学的亲密同事鲍勃·沃特森所领导的团队。这看起来可能有些奇怪，但意味着这两支团队处于有利地位，将在人类基因组竞赛中扮演重要角色。

不起眼的线虫似乎距离人类还有很长的路要走。然而，要做像人类基因组这样的大事，你需要从小处着手，逐步积累。线虫已经被深入地研究了整整 30 年，正是因为它是几种完美的"原型"动物之一：简单可控，仅有 579 个细胞，"仅有"1 亿个碱基的基因组。但是，它是足够复杂的，具有一个基本的神经系统，具有像包括人类等比较复杂的动物的行为。因此，它成为人类基因组测序道路上的几种"垫脚石"物种之一。它的基因组不仅本身有价值，而且所需的技术和专业知识可以直接重复应用于人类 DNA。

因此，在 1990 年当人类基因组计划开始的时候，沃森邀请了萨尔斯顿和鲍勃·沃特森加入到这个项目。当时，已测序的人类最大基因组是人类巨细胞病毒，只有不到 30 万个碱基，这还花了 5 年时间。但是，萨尔斯顿、沃特森和克里克很快就同意了这个雄心勃勃的目标：在短短三年时间里，花费 450 万美元，对线虫的 300 万个碱基进行测序，这是原来预计要完成的工作的 10 倍多。

他们按照预算提前完成了目标。这一成就的很大一部分归功于使用了新型的 ABI 自动测序仪，该仪器由应用生物系统公司（Applied Biosystems）制造。1987 年推出了第一个可用原型仪器，已经比耗时费力的手工测序快了好几个数量级。但与后来的仪器相比，该仪器仍然很慢，而且很贵，每台仪器需几十万美元。但这只是一项进步的开始，并一直持续到今天。自 1990 年以来，每个碱基的测序成本下降了 1 亿倍，从每百万碱基花费的 100 万美元降到一美分。

应用生物系统公司的参与，突显出商业风险资本支持的公司对基因组学的兴趣日益浓厚。由于美国专利局和法院越来越愿意批准基因以及与基因相关信息的专利，越来越多的资本流入进来。在 1980 年代末，这种兴趣还相当微弱。1987 年，与桑格（Sanger）共同获得 1980 年诺贝尔奖的沃尔特·吉尔伯特（Walter Gilbert）成立了一家私营的"基因组公司"，他的同事对此感到震惊。（该公司在同年的股市崩盘中破产。）然而，在 1990 年人类基因组计划启动后不久，基因定位和测序就经历了某种程度的淘金热，到 1992 年至 1993 年，该活动迅速地增长起来。

最值得注意的事件是 1992 年克雷格·文特尔（Craig Venter）的介入。在前十年里，他一直在由美国政府的国家卫生研究院（NIH）资助的一家研究所工作。在那里，他是自动测序仪的一名早期使用者。他的大多数工作都集中在对基因末端上 200 碱基 DNA 短链（被称为"表达序列标记"）的测序上。在 1991 年，他强烈主张这些专利。然而，这一想法引起了与国家卫生研究院以及与吉姆·沃森的冲突。吉姆·沃森强烈反对针对低级基因信息的专利，因为它们会影响到研究和信息访问。

文特尔雄心勃勃，但他感到自己的方法在美国国家卫生研究院缺乏支持而受挫，于是他在 1992 年辞职，从华莱士·斯坦伯格（Wallace Steinberg）经营的一家投资公司获得了 7 000 万美元的风险投资，建立了基因组研究所(Institute for Genomic Research)。这是为了寻求另一种基因组测序方法，重点是表达序列标记和被称为"鸟枪法"的方法。虽然文特尔的研究所是一个非盈利机构，他和他的团队计划发表他们的工作。但这里有一个圈套：斯坦伯格并不是出于乐善好施进行的投资。与文特尔的研究所平行，斯坦伯格成立了一家商业公司，即人类基因组科学公司(Human Genome Sciences)，文特尔和他的同事持有该公司的股份。该公司拥有对这些数据(包括珍贵的表达序列标记)的 6 个月的独家访问权。而且如果该信息有价值，这一权限还可以延长到 12 个月。即使在此之后，尽管学术界的科学家可以访问这些数据，但人类基因组科学公司将保留任何进一步商业开发的"穿透式"权利。这家公司几乎立即就取得了成功：与制药业巨头史克必成(SmithKline Beecham)达成一笔交易，以 1.25 亿美元的价格出售了数据的特别访问权。文特尔和他的资助人一夜之间成了百万富翁。

对于像萨尔斯顿这样的公共研究人员来说，这种做法引起了严重的关注。由于其高技术的需求，整个人类基因组测序将花费数十亿美元来完成。商业利益集团依靠其雄厚的财力，很可能会超过公共资助的作用，从而使基因组数据成为私有数据，将其封锁、限制或拒绝他人访问。作为世界上最成功的测序专家，萨尔斯顿和沃特森已受到了私人公司的追捧。现在他们发现，美国的商业利益集团正在施加越来越大的政治压力，要求切断公共资金，从而将这一领域自由地留给私人用以牟利。

8.4 威康的到来

在这紧要关头，一位未曾预料的白衣骑士，以威康信托基金会(Wellcome Trust)的形式出现了。该基金会成立于 1936 年，是在制药企业家和大亨亨利·威康爵士(Sir Henry Wellcome)去世时成立的。威康将他在公司的全部股份遗赠给了信托基金会,他的公司最初是威康基金会(Wellcome Foundation)、之后变为威康公开股份有限公司(Wellcome plc)、再之后变为葛兰素威康公司(Glaxo Wellcome),最后并入了葛兰素史克公司(Glaxo SmithKline)。在初始阶段,信托基金会的增长相当缓慢,但在 1980 年代,它从股票市场的上涨中获得了巨大收益。对制药公司来说,股票市场的上涨尤其剧烈。当时,葛兰素威康公司旗下的抗艾滋病药物 AZT 取得了成功,对该基金会起到了特别大的推动作用。1992 年,该基金会出售了部分股份,成为世界上最富有的私人医疗研究慈善机构。它的一个年度预算从每年 1 亿英镑增加到 2 亿英镑(1992 年为 3.5 亿美元,现在接近 10 亿美元)。

由于 1992 年是人类基因组计划的关键一年,这种情况出现在一个绝佳时机。此时,不仅来自独资商业对手的威胁越来越大,而且项目的初始三年拨款在 1993 年即将结束。这个问题对萨尔斯顿和他在剑桥大学分子生物学实验室的团队来说尤其严重。他们强烈地意识到,他们已经把从医学研究委员会(Medical Research Council)得到的有限经费花掉了大部分,该委员会的预算只占美国国家卫生研究院所支配的数十亿美元预算的一小部分。但突然之间,在英国出现了这么一位财力雄厚的私人资助者。其意义在于两个重要理由:一是(在很大程度上)不受到政治压力的影响,二是不受公共部门资助者所需的评审、检查和政府批准等所有约束,可以行动得更快。

萨尔斯顿去威康寻求资金。仅仅几个月后,基金会就做出了决定。1992 年夏天,基金会同意在五年内向他的团队提供 4 000 万到 5 000 万英镑,不仅要继续研究线虫,还要加速研究人类基因组。这笔拨款还包括支持在剑桥大学校园外建立一个全新的校园,命名为桑格中心

(Sanger Center)。

更妙的是，威康拨款刺激了其他部门的行动。1993 年 6 月，英国医学研究委员会（Medical Research Council）在威康拨款激励下，鼓起勇气做出了前所未有的承诺：在五年内拿出 1 000 万英镑来完成线虫序列的研究。就在三年前，所提供的资助仅为在三年内完成 3% 的线虫基因组。而现在的目标是在未来五年内完成剩下的 97%，同时还要研究人类基因组。威康拨款也刺激了美国的行动，美国国家卫生研究院也增加了对鲍勃·沃特森实验室的基金。

有了这笔新的基金，整个过程扩大了规模，实现了工业化。很快，桑格就有了 200 多名员工，开动数十台测序仪每天 24 小时、每周 7 天不停地运转。人们雄心壮志，要做到所有可能的事。随着线虫的蜿蜒前行和技术的改进，人们的关注开始转向人类基因组，这是圣杯，它比线虫的基因组大 30 倍，花费更昂贵，更复杂得多，因为其中存在更大比例的重复序列。

1994 年秋天，沃特森在仍然不确定能取得什么样成果，也不知道要持续多长时间的情况下，他飞到剑桥去拜访萨尔斯顿。在返程的路上，他提出了一个他称之为"离谱的提议"：通过将这项工作划分成三部分，将人类基因组测序提升到每年 600 兆字节。三部分由他自己的实验室、萨尔斯顿的实验室，以及第三个待确认的实验室分别完成。按照这样的规模，他们将能够以每个碱基 10 美分的成本（10 年前估计成本的十分之一）完成测序，并在 2001 年之前花费 3 亿美元完成测序。

这是一个雄心勃勃的提议。在这个时间点上，还只有不到 1% 的人类基因组被测序，而且大部分是由小片段组成。测序率不到沃特森所提议进度的十分之一。谁来出这笔钱呢？该提案需要每年 6 000 万美元，为期 5 年。这笔经费对于生物学领域的单个项目来说，是前所未闻的。

　　这个提议也很令人兴奋,是描绘将来会如何的蓝图。但资助者和研究团体的行动慢得令人失望,而且失望接踵而至。1996 年,萨尔斯顿最后向英国医学研究委员会(MRC)和威康基金会联合提交了一份新的资金申请:在 7 年时间里拿出 1.47 亿英镑来完成他负责的那三分之一基因组。不幸的是,MRC 没有钱。尽管威康同意提供 6 000 万英镑,MRC只能保持为期 5 年内的每年 200 万英镑。

　　萨尔斯顿用这些基金只能完成他计划的一半:也就是六分之一而不是三分之一基因组。在美国,鲍勃·沃特森也有类似的经历,在未来两年里,给他增加的经费只是他所要求的四分之一。该计划由美国国家卫生研究院在 1998 年对进展进行重新评估,并在那时提供的新拨款。在某种程度上,这是在研究团体内部产生的政治和分歧的结果。

8.5　拖延的风险:　BRCA$_2$ 事件

　　为了警醒任何拖延可能造成的风险,科学家们只需了解围绕乳腺癌基因上演的这场事件就可以了。1990 年 12 月,加州大学伯克利分校的玛丽-克莱尔·金(Mary-Claire King)发现了 17 号染色体(BRCA$_1$)的一个突变,该突变与乳腺癌的高风险有关。而后,在 1994 年夏天,英国萨里大学的迈克·斯特拉顿(Mike Stratton)在 13 号染色体(BRCA$_2$)上发现了一个类似的突变,它也与乳腺癌的高风险有关。

　　斯特拉顿知道摩门教徒保存着优良的族谱记录,这在寻找遗传性疾病风险时是一个很好的资源,所以他一直与犹他大学的同行马克·斯科尔尼克(Mark Skolnick)共同工作。斯科尔尼克成立了一家名为 Myriad Genetics 的私人公司,专门寻找癌症基因,然后为这些基因和任何他们能设计出来的相关测试申请专利。斯特拉顿知道 Myriad 公司的存在,在他定位 BRCA$_2$ 之前不久，他问过斯科尔尼克，一旦他们能定位和克隆 BRCA$_2$ 之后，会发生什么。斯科尔尼克告诉他，Myriad 公司将为它申请专利。但斯特拉顿对此深表担忧。正如后来他说，他很清楚存在一个明显的冲突风险，"临床和伦理需要与商业需要之间的冲突"，即确保患者受益于新知识带来的新的化验和治疗，与为了收取高额的化验或治疗费用而进行限制访问之间的冲突。斯特拉顿说道："Myriad 公司有责任满足投资者的需要。""我意识到，对于今后如何利用这个发现，我将不会有任何发言权。"

斯特拉顿在识别出该基因的位置后，立即终止了与斯科尔尼克合作。他发现自己正在与犹他大学实验室进行关于如何精确识别和克隆该基因的一场竞赛。因为"定位"一个基因，不等于能够进行分离、克隆和测序，这需要发表了正式的论文和申请到专利才行。斯特拉顿很快得到了约翰·萨尔斯顿和桑格研究所的帮助，到 1995 年 11 月，他们得到了测序，并赶紧去《自然》杂志上发表，这样数据就会被纳入公共领域，而不是被斯科尔尼克申请专利。

不幸的是，即使斯特拉顿尽力对亲密的合作者也保守信息秘密，但多少有些泄露，足以让斯科尔尼克帮助自己的团队识别出基因并提交了专利申请，只比斯特拉顿的论文刊登于 1995 年 12 月 28 日的《自然》杂志上提早一天。尽管斯特拉顿竭力反击，但 Myriad 公司甚至开始同时声索对 BRCA$_1$ 和 BRCA$_2$ 这两个基因的专利。因为尽管斯科尔尼克不是第一个发现 BRCA$_1$ 的，但他的实验室是第一个克隆它的。

Myriad 公司成功申请专利后，建立了一个进行测试的实验室，对每个病人收取 2 500 美元的费用。并积极行动起来，对任何试图以更低的价格提供测试的人提起法律诉讼和威胁。Myriad 公司还限制其他实验室进行更简单但效果稍差的测试，这些实验室必须为每个病人花费几百美元来向他们购买许可证。

斯特拉顿在谈到 BRCA$_2$ 测试时，痛苦地说道："Myriad 公司向所有在美国接受测试的女性索取一笔费用，而用的是我们发现的一个突变。"斯特拉顿觉得他现在别无选择，只能设法保护自己的一些专利。尽管只是用于自卫，并反击 Myriad 公司。这些努力最终证明是有用的。但不幸的是，它们只在欧洲生效。例如，英国的 NHS 拒绝从 Myriad 公司获得许可，而是使用斯特拉顿论文和专利自行进行测试。在法国，在政府的支持下，居里学院(Institut Curie)于 2001 年 9 月对 Myriad 公司的专利提出了正式异议。经过了数年的斗争，该专利被驳回。然而，尽管取得了这些胜利，Myriad 公司还是在更大的战场上取得了成功：2015 年，Myriad 的市值超过 30 亿美元，使得它的创始人成为巨富。

8.6　回到基因组

对于萨尔斯顿和公共研究群体的其他人来说，信息是明确的。发现 BRCA 基因的几乎每个方面都得到了公共资助。即使斯科尔尼克使用的宝贵的摩门教徒家谱数据库，也是从 1970 年代开始主要依靠公共资金资助建立起来的。然而，一家资金雄厚的私有公司在最后一刻介入进来，并索取了广泛的垄断权，它不仅要限制将来的研究，还要通过高昂的要价和其他限制，拒绝向世界各地的患者提供挽救生命的诊断方法。这个私自牟取暴利的例子表明，尽快将整个人类基因组纳入公共领域是至关重要的，这样就没有人能够对低级基因序列索取同样广泛的垄断。

然而，文特尔并没有离开。萨尔斯顿和他的同事们最担心的事情很快就变成了现实。1998 年，就在公共联盟计划加速其行动的那一年，文特尔创办了一家新公司：赛莱拉基因组公司(Celera Genomics)。他们的目标只有一个：对人类基因组进行测序，并在经济上加以利用。1998
年 5 月 10 日，该公司在一个大型新闻宣传活动中，毫无警示地开张了，
这恰好在人类基因组计划（Human Genome Project）年会召开的前两天。
它传递的信息很明确：竞赛开始了。赛莱拉公司是一个强有力的竞争
对手，拥有来自应用生物系统公司的 3 亿美元资金支持。应用生物系统
公司是一家测序仪生产商。此外，作为一家商业风投企业，它的态度是
明确的：它不仅会对自己识别的任何基因追求专利，而且就算公布这些
基因序列的话，也是在推迟时间并可能加以限制使用之后。开放基因组
的前景正在面临着最大的威胁。

文特尔和他的同事巧妙地利用了美国人对资助的公共计划可能与
私营企业产生竞争的反感，这种反感在由纽特·金里奇（Newt Gingrich）
的共和党控制的国会中尤其强烈。文特尔和赛莱拉公司向《纽约时报》
的尼古拉斯·韦德（Nicholas Wade）提供了一份独家的先期简报。韦德
在发布会当天发表的文章称："国会可能会问，为什么非要继续通过国家
卫生研究院资助人类基因组计划……如果这家新公司能第一个完成的
话。"这是对公共计划进行的双重的巧妙攻击，不仅暗示赛莱拉公司会第
一个完成这样一个事实，而且也暗示了国家对公共资金的使用是不必要
和不合理的。在随后的两年里，发生了更多的相同事情，他们反复宣称
私人计划将击败公共计划。数年后，萨尔斯顿不无遗憾地评述说："克雷
格不再从事科学，他从事商业。而企业的首要任务不是科学信誉，而是
股价和市场渗透率。试图让记者们报道那些确实很复杂的分析……是
一场艰难的斗争。我们很快认识到，如果我们要生存下去，就必须玩公
关游戏。"

资助者会失去信心，而取消他们对公共计划的支持吗？或者（几乎
是同样糟糕）不能增加对公众计划进行正常竞争所需的充分支持吗？在

这个关键时刻,威康信托基金会再次伸出援手。碰巧的是,在赛莱拉公司发表声明后的那个星期三,萨尔斯顿被安排了与威康信托基金会的一次会见,以寻求更多的资金资助。当萨尔斯顿对免费基因组数据的重要性进行了一番恳切陈述之后,他在会场外面焦急地等待着基金会的决定。没过多久,基金会就一致同意将资助增加一倍至 1.2 亿英镑,并全力支持桑格中心在 2001 年之前完成三分之一的基因组。

在许多方面,文特尔和赛莱拉公司的咄咄逼人做法适得其反,正如威康计划官员所报告的:"一旦董事们意识到克雷格·文特尔的初心实质上是对基因组的私有化……他们就不会打退堂鼓的。"他补充说,在开会那天,"每个人都怒火中烧……董事们只有一句话:'我们必须这样做。'"

这是一张巨大的信任票。索斯顿和威康基金会的迈克尔·摩根(Michael Morgan)立即坐上飞机飞往冷泉港(Cold Spring Harbor),向人类基因组计划会议宣布这一好消息。

在冷泉港的那个星期五上午,在拥挤的人群面前,萨尔斯顿和摩根宣布,威康信托基金会将把基金增加一倍,并承诺向公众提供免费开放的基因组。为了阐明基金会的动机和承诺,摩根补充说,基金会反对为基本的基因组信息申请专利,并将在法庭上反对这类申请。会场上顿时沸腾了。每个人都知道这意味着什么。人类基因组计划并没有像许多人在星期一担心的那样寿终正寝,而是突然变得比以往任何时候都更加强大。现在美国国家卫生研究院受到了压力,要与威康基金会的倡议相匹配。它做到了,承诺于 1999 年再提供 8 160 万美元作为资助(外加上能源部提供的 4 000 万美元)。这次受到的威胁使这个跨大西洋共同体前所未有地团结起来。

接下来的两年匆匆而过。不到一年之后,也就是 1999 年 2 月,人类基因组计划的领导人在休斯顿开会，承诺要在 2000 年中期拿出一份基因组的"草图"，这比他们 6 个月前的计划提前了一年。各个团队在全速工作。1999 年，桑格中心的目标是测序结果为 1998 年的 3 倍，比之前 7 年的总和还要多。

1999 年 12 月 2 日，人类基因组计划宣布了其首批重大成果之一：在《自然》杂志上发表了 22 号染色体这一整条染色体的完整序列。这项宣布包括发现了 545 个基因，其中一半以上是之前未知的。22 号染色体还涉及 35 种以上的疾病，包括某些类型的心脏病和白血病，因而使医学极大地受益。通过公开发布这些信息，人类基因组计划确保了这些基因随后都不会获得专利，而且无论是公共的还是私营部门的研究人员都可以自由地立即开始使用这些基因，不需要获得许可，也不用承担法律诉讼的风险。

但赛莱拉公司没有表现出缓和的迹象。1999 年 12 月 29 日，在一次紧张的电话会议上，双方摊牌。代表赛莱拉公司的有文特尔、托尼·怀特（应用生物系统公司 CEO）和其他三名高管；在公共计划方面，有萨尔斯顿、沃特森、国家卫生研究院院长、诺贝尔奖获得者哈罗德·瓦默斯（Harold Varmus）和他的同事弗朗西斯·柯林斯（Francis Collins），以及威康基金会的马丁·布罗布罗。会议期间，情况变得非常清楚，赛莱拉公司无意公布数据，尽管它之前作出了承诺。赛莱拉公司方的托尼·怀特（Tony White）希望任何相关的联合数据库在三至五年内将商业竞争对手排除在外。在这个快速发展的领域里，这是一个极长的时间。他希望这个由公共资金支持的联盟一旦有完整草图就停止工作。这意味着公共资助的计划在做了大部分的工作之后，将让位于赛莱拉公司去控制，并让它有权独家提前访问联合数据库和拥有由此打开的所有巨大的商业上和科学上的可能性。这是一个咄咄逼人的要求，被公共团队断然拒绝了。

此刻，任何真正的合作希望都破灭了，虽然国家卫生研究院的弗朗西斯·柯林斯在必须与私营部门进行合作的巨大政治压力下，仍继续尽其所能搭建桥梁。2000 年 3 月，赛莱拉公司拒绝开展有意义的合作的消息传出后，《华盛顿邮报》(*the Washington Post*)称，该项目已经变成了一场"泥地角力比赛"。

尽管白热化，还是有一些亮光。作为对这场辩论的回应，美国总统比尔·克林顿和英国首相托尼·布莱尔发表了一份联合声明，表示人类基因组序列至少应该对研究人员免费开放。虽然这场竞赛已经接近尾声，但这是对公开与开放方式的宝贵肯定，有助于消除在最后一刻妥协的风险。

然而，随着选举的临近，克林顿急于解决有可能是破坏性的公私冲突。因此，在 2000 年 6 月 26 日宣布这一消息的时刻，尽管双方的贡献极不相称，仍声称赛莱拉公司和人类基因组计划共同取得了胜利。在白宫，克林顿的两侧分别站着文特尔和弗朗西斯·柯林斯，象征着团结。

现在剩下的事就是比较这两组的工作了。赛莱拉公司一直受益于可完全访问的公共团队数据，这些数据每天都被发布出来，而赛莱拉公司根本没有发布自己的数据（尽管最初承诺每季度发布一次）。在白宫宣布这一消息时，每一方都声称自己拥有一份完整的人类基因组草图。原计划在 2001 年 2 月的《科学》杂志上发表一篇联合署名论文。每一方都将在论文里首次公布其基因序列。但在发表之前引发了一场争议，因为赛莱拉公司明确地表示不会将其数据发布到公共数据库。但这是在此类杂志上发表论文的标准要求，因为必须允许被充分地审查和被学术界复用。不过，面对猛烈的抗议，《科学》杂志还是同意改变规则。于是，人类基因组计划的参与者一致同意从《科学》杂志撤出，转而在《自然》杂志上发表他们的论文。

最后，在正式发表论文的前几天，即 2001 年 2 月 12 日（星期一），双方交换了他们的论文。这是公共团队第一次阅读到赛莱拉公司的成果。不过结果令人非常震惊。正如萨尔斯顿所说的："考虑到他们可以访问我们所有的数据，而且我们知道他们正在使用这些数据，我们完全预计他们的序列会比我们的好。"但他们所发布的序列，总体上似乎并不比公开发布的序列好多少，而且严重依赖于公共序列。他确信，如果没有这个公共计划，赛莱拉公司根本就不会得到基因组草图，因而得出结论："赛莱拉公司获得一个全部完成的序列的机会实际上会非常渺茫。"

进一步的分析证实了这一点。一年后，一个世界领军级专家写到，赛莱拉公司一直在三个方面依赖于公共数据，"即使使用公共数据，赛莱拉公司所说的全基因组组装，按照任何合理的标准来看都是失败的：20％的基因组要么是一起失踪了，要么是形成了没有被定位的 116 000 个序列小岛，从实际用途来看，它们是无法定位的。"

这里存在着两个错误认识：第一，尽管赛莱拉公司的序列不那么准确，但它的成本效益更高；第二，来自赛莱拉公司的竞争最终对科学有益。例如，因为它使那些"慢走"的科学家加快了步伐。然而，这两种说法都不正确：后来的分析表明，赛莱拉公司的方法原本要实现的节约没有一项得以实现，重复工作意味着总成本远远高于必要成本。在公共计划一方，为了竞争就意味要快于最优速度，导致一些严重的效率低下，最终增加了总成本。当公共资助的团队不得不转向制作一个降低质量的"草图序列"时，它推迟了制作一个高质量的序列，甚至可能将其最终成果置于危险境地，因为一旦项目被宣布"完成"，资金可能就会减少。

我们最终也无法准确地知道这场科学竞赛的影响。但我们所知道的是，公共团队完成了一份很高质量的序列，实际上也是唯一的序列，并花费了与私人项目大致相同的成本。最重要的是,他们提供了一份对所有研究人员公开的序列,无论是私人、学界还是商界。

　　几乎自始至终,人类基因组的发现和测序都是关于公开性和公共资助的故事。开放基因组是人类伟大的科学成就之一,为未来的研究和创新提供了基础。但事情可能并非一直如此。

　　我们应该把最后一句话留给约翰·萨尔斯顿来讲:"破译这些信息需要很长的时间,需要每一个有能力的人参与此项工作。因此,全部生物学社区都能获得这一序列是极其重要的……当像赛莱拉公司这样的商业公司成立后……整个生物学的未来都受到了威胁。因为有一家公司正在竞标要对关于人类的最基本信息的访问权进行垄断控制,这些信息是(或者应该是)我们大家共同的遗产。"他向资助人类基因组计划的公共机构致敬,感谢他们决定不把这个领域让给赛莱拉公司。这样,在今天,任何地方的任何科学家都可以自由地获取序列,并利用这些信息做出自己的进一步发现。但正如萨尔斯顿所写的,我们应该记住"我们离失去自由只差半步"。

第 9 章

拜访杰米·拉夫

成立于 1994 年的世界贸易组织（World Trade Organization，WTO）达成了 20 世纪最重要的贸易协定，它包括三个主要部分。前两个协定是试图消除贸易壁垒的经典贸易协定，包括传统的实物货物协定（GATT）和服务贸易协定（GATS）。而第三个协定 TRIPS 是非常不同的，它代表知识产权与贸易相关方面的协定。但奇怪的是，该条约几乎没有提及贸易，其内容都是关于知识产权，以及对知识产权的扩展和加强。

增加 TRIPS 协定的正当理由是想通过签署前两项贸易协定，发达国家，尤其是美国和欧盟，将向低成本的发展中国家开放市场。虽然发达国家将受益于更便宜的商品，但这种变化对发展中国家的获益更大，而发达国家希望得到更多回报。它们以信息为基础的工业，从软件到制药，是其经济中比重很大且不断增长的部分，虽然有形的货物可以在边界上加以制止，但几乎不可能对这些信息的流动设置技术障碍。软件一旦发布出来，任何人都可以复制；如果一种药物的配方在一个国家发布出来，很容易在另一个国家被复制。因此，发达国家希望为他们的信息产业提供更多的"保护"。因此，这个庞大的自由贸易协定的第三个组成部分是一个致力于减少信息流的条约。例如，由于 TRIPS 协议，印度不得不引入了药品的产品专利，美国修改和扩展了其版权法。

一些特殊利益集团，如美国的制药游说团体，在起草和推动 TRIPS 作为 WTO 一揽子计划的一部分的过程中发挥了关键作用。这项协定不仅在经济上，而且对于全球信息框架，其影响是巨大的。然而，几乎没有进行公开讨论。怎么会这样呢？

现代世界中的挑战因其复杂性和相互联系而加剧。人们与之不懈斗争。我们希望简单的问题有简单的解决方案。但我们所面临的复杂性，以及治理世界的规则，如塑造和转移权力的规则，实际上是不透明的。这不仅适用于我们，也适用于代表我们的那些人。在大量的繁文缛节中，即使是天才，在大多数时候也无法知道他们正在做的事情会产生什么影响。

我还记得在2005年观摩了欧洲议会关于软件专利指令进行的最终投票。在选举日，每个政党都会产生一个"投票清单"，对于将要提出的每一项修正案（通常不会只有一个单独的文本，而是一个提议文本加上几项修正案，每一项都要进行投票），指导其欧洲议会议员（MEP）如何投票（以及为何投票）。这次的投票清单有600多页，而这只是一次立法会议。你可以想象，大多数欧洲议会议员不知道他们在投什么票，普通公民甚至不知道议员在投票。这并不一定是有意设计成不透明的（尽管它无疑是有作用的，并受到商业目的和政治目的的操纵）。立法的复杂性反映了我们世界的复杂性。在2008年至2009年的金融危机之后，美国政府用《多德-弗兰克法案》（Dodd-Frank Act）做出了反应。但地球上没有一个人能理解它，甚至没有一个人完整地读过它，因为它有将近1 000页，再加上迄今为止已经超过了1.3万页的相关规章制度。

不幸的是，复杂性造成了权力的不平等，首当其冲的是那些影响社会运行规则的权力。这些规则反过来又产生了更多的权力和影响力。集中化利益集团，通常是公司但也包括大富豪，比我们大家更能处理复杂的事情。他们不仅有资源收买团队来了解问题并报告案例，而且他们更有能力通过时间和空间来扩展权力：将游说者送到数百或数千英里外的权力席位之处，坚持不懈地追求他们的利益。

复杂性以及其中的错综复杂联系促进了权力的进一步集中。今天，如果你生活在欧盟（EU），可能有一半以上为你制定的法律法规是出自布鲁塞尔，而不是出自你的国家的政府。与此同时，在过去五十年里，国内的权力几乎肯定已经从地方转移到中央政府。全世界各地都是如此，不管是印度尼西亚还是巴西。

这种集中化带来了一个意外后果，那就是在实际上和象征性上两方面都把制定规则的工作从选民手中转移走，让特殊利益集团更容易发挥他们的影响力。对一家公司来说，在华盛顿特区拥有一个大型的游说办公室比在美国五十个州的每个州都拥有一个办公室要容易得多。而对于普通公民来说，情况恰恰相反：能在家门口做决策时，他们更容易提出决策和影响决策。

政治家和官僚们肩负着代表选民去维护和追求公共利益的责任。他们艰难地应付日益复杂的现代世界，而且发现对外部利益的抵制也越来越难，即使他们想这么做。这是对现代民主的根本挑战；但这个大问题不是我所关注的焦点，我关注的是在数字时代里这种令人难以想象的复杂性与信息规章之间的关系。

数字技术是复杂的和快速变化的，而且在根本上是抽象的。数字政策不像一个饥饿中的孩子或一个建设中的公园，它不是一个可以看得见而受欢迎的政治目标，它所涉及的问题需要价值判断。例如，谁应该拥有和控制用于传输互联网所依赖的数据电缆；再例如，对版权法的修改，它看起来细微却会显著地改变媒体集团、艺术家和公众之间在收入和影响力方面的分配。因为数字信息涉及庞大的国际网络，所以需要在超国家的基础上制定规章，通常是在远离日常政治进程的偏远和享有特权的地方，如日内瓦。其结果是为了减少外部审查，把立法工作留给技术官僚、公司游说者及其特殊利益集团去做。

*   *   *

蓝色的眼睛，和蔼的面孔，浓重的美国口音。在杰米·洛夫(Jamie Love)开口之前，你会很容易地误以为他是一位学者或官僚，甚至，鉴于他的睿智外表，还会误以为他是一位企业高管。而一旦你听到他说话，情况就大不一样。一种激情，甚至是一种怒气，从他说的每个字中显而易见地喷发出来，并且带有一种敏锐的智慧。这种激情是多年来在"信息战争"前线上默默无闻地处理难题而锻炼出来的。

从1990年代中期开始，他几乎一直是孤身一人奔赴海外，以介入那些瓜分数字未来的会议和交易。早在几乎所有人之前，他就意识到当时正处于一个特殊的时刻，此刻正在制定信息时代的关键规则。而几乎没有其他人看到或报道正在发生的事情。逐渐地，他的大惊小怪、他的演讲和他的文章引起了人们的注意，现在人们对这些问题有了更广泛的认识，尽管还有更多的事情需要争取。

我第一次见到杰米是在2004年9月。在之前的一年左右时间里，我对"信息行动主义"产生了兴趣，我正好对这个领域比较熟悉。不知为何，我偶然发现了正在日内瓦举办的一项活动。大多数牵头人似乎都来自美国，所以，看到他们出现在欧洲让人很兴奋，演讲者的名单也很出色。该活动被称为"WIPO的未来"，由杰米·洛夫和他的妻子玛侬·蕾丝(Manon Ress)领导的消费者技术计划CPT(Consumer Project of Technology)承办。

我对所有这些事情一无所知，只好去查阅WIPO和CPT。原来，WIPO，即世界知识产权组织(World Intellectuall Property Organization)

是一个完全致力于促进"知识产权"的联合国机构。从我的阅读中,我早已知道知识产权并不像它的名字所暗示的那样是完全正面的。我从未去过日内瓦,所能联想到的只有奢侈享受和一片湖泊。但有便宜的机票和一家青年旅社,我就自我邀请了一次。活动规模不大,只有五六十人参加。

在 1990 年代后期,由于反全球化的抗议,世界贸易组织(WTO)已经成为一个家喻户晓的名字。但即使是现在,大多数人仍然不知道WIPO。然而,正是在 WIPO 这个组织里,互联网时代的许多规则变成了条约,成员国有义务将其制定为法律。例如,美国的《数字千年版权法》(*Digital Millennium Copyright Act*)和欧盟的《版权指令》(*Copyright Directive*)等法案和指令直接源自于 1996 年 WIPO 的一项条约。你可能从未听说过这些法案或指令,但它们通过如 YouTube、TiVO 及更多公司提供的服务,塑造了你对数字时代的体验。

公司利益对信息技术结构的塑造并不新鲜。在 19 世纪的电报和 20 世纪的广播和电视上就已发生过。1990 年代的新事物是互联网。它比以往任何时候都更紧密地联系着世界,比以往任何时候都更加开放、更加民主,但并不是所有人都喜欢这样。"知识产权"现在牵涉到极大的高赌注。

将近十年,杰米和玛侬几乎完全是自力更生,不被人知,也几乎没有人资助。他们不得不眼睁睁地看着那些拥有大唱片公司、大制片厂和大经销店的传媒集团的说客们操纵了 1996 年的《WIPO 版权条约》,该条约规定了版权如何在互联网上起作用。但他们俩逐渐地培养起了人们的意识,其他人也加入进来,一起进行分析、质疑和反对。

在这样一个困难的领域,面临重重不利境况,成功是细小的和妥协性的:在这处和那处做些修订,让一条规则比它原来变得稍好一些,让一个条约延后甚至停止(通常只是为了将其替换为稍好一些的内容)。

这不是那种能够制造好的新闻报道或好的电视节目的大戏。这是黑暗中的工作，年复一年地透过让人麻木的法律术语，窥视下面的财富和权力的游戏。它涉及不厌其烦地对官员们进行一遍又一遍地解释，这些措辞是什么含义以及为什么要进行修改。这些官员往好了说是拥有温和的同情心，往坏了说恰恰是在于他们的职位，因为他们与占上风的利益集团是一致的。

但是杰米和他不断发展的联盟确实起到了作用。杰米设法阻止了广播公司提出的一项广播条约。你可能猜到了，该条约将赋予广播公司在其节目中新的垄断权利。在另一个例子中，该联盟说服 WIPO 增加法律例外，为盲人和残疾人访问受版权保护的作品提供更好的支持。唉！所有这些工作成果的一部分都是为了改变制定规则的机制。美国贸易代表，即美国在这些问题上的真正掌权者，几乎完全是大企业利益集团的人。他们逐渐将"知识产权"和其他关键的信息规章，从 WTO 和 WIPO 等国际论坛迁移到双边谈判中，美国和游说者在这里可能更容易体现他们的意愿。

在 2009 年，我对这种意愿的巨大力量变得十分清楚。当时，我以学者身份前往欧洲议会（European Parliament），观摩欧洲议会就一项关于延长现有唱片版权的指令的辩论。这是在可能进行的改变中最露骨的偏袒，甚至是腐败。在现行的 50 年版权基础上，再往后增加 20 年或 40 年，这简直是延长对年代久远旧唱片的垄断。这实际上是对欧盟居民征收的令人震惊的累退税（regressive tax），而受益的是少数几家跨国唱片公司，如索尼（Sony）、BMG、环球唱片（Universal Music Group），和一些非常成功的艺术家，如披头士（Beatles）、滚石乐队（Rolling Stones）和 U2。这与版权的根本宗旨背道而驰，版权是为了激励和奖励创作新音乐的创作者。[1] 对于披头士乐队来说，即使在 2009 年延长了他们的版权，也无法让他们进入时光机回到 1965 年录制另一张专辑。

　　所以我去面见欧洲议会议员，试图说服他们这是一个错误。唱片公司和收费协会在布鲁塞尔有固定的工作人员，他们在游说方面做了很好的工作。我可能是许多欧洲议会议员遇到的唯一一个支持反对方的人。就连介绍该指示的专员也向我承认，在举行的 27 次会议中，都一直是与利益集团一起开的，其中有 26 次是利益集团推动该提案（仅有的一次例外是来自消费者联盟）。我拜访了一位英国工党议员，他在建立他的团队的地位时扮演了重要的角色。他对有人提出反对延长版权保护期感到非常愤怒，他对我大吼大叫，几乎把我从他的办公室轰了出去。后来，我发现他已在音乐行业工作了很多年。他的动机全部来自根深蒂固的信念，而肯定没有听取这个事情的是非曲直。

1　这次也延长了新唱片的版权。然而，其激励作用可忽略不计，以至于变得无关紧要：在未来 50 年或更长的时间里可获得少量额外资金，这种不确定收益对艺术家和投资者来说在经济上是微不足道的。

第 10 章

开放是一剂最好的良药

当然，专利和版权的存在确实是有理由的。让我们来看一个重要的例子，人们认为专利支持了新药的研究和开发。研制和测试一种新药的成本是极高的。这种观点认为，如果没有垄断性保护，竞争者（对药品进行仿制的其他制造商）将使药品价格大幅降低，以至原创者很难或者根本无法从他们的巨额投资中获得回报。如果没有对高回报的预期，公司及其投资者就决不会承担研究费用风险。如果这样的话，不是没有高价药品，而是我们根本就没有药品。

这种逻辑没有错误，只是用错了地方。在奖励创新者和刺激创新方面，可采用与开放性兼容的方式为新药的开发提供资金，它比专利更有效，既可以让每个人都能以制造成本获得药品，同时，以目前的水平甚至超过目前的水平为医学创新提供资金。

无论如何，今天的情况很难令人满意。在许多国家，高昂的药品价格是人们每天都要关注的问题。即使许多人得到了免费的处方，他们也要通过纳税方式来支付这些高价。2016 年，美国人在药品上的花费超过了 4 000 亿美元。这意味着每个男人、女人和孩子，无论是否生病，都要花费 1 400 美元。这个平均数字还掩盖了一个现实，即实际上生病的人可能要花费数万或数十万美元。数以百万计的美国人在为他们所需要的东西而挣扎，有些人甚至会因为缺乏药品而死去。如果地球上最富裕国家的居民都买不起药，想象一下那些非常贫穷或面临传染病的国家的困境。

在艾滋病蔓延的 1990 年代和 2000 年代，非洲和世界其他地区遭到肆虐，主要的抗逆转录病毒治疗手段都受到大型跨国制药公司的专利控制，如辉瑞（Pfizer）、葛兰素史克（GlaxoSmithKline）和勃林格殷格翰（Boehringer Ingelheim），它们保持非常高的价格，大多数患者或者政府都负担不起。在南非，2002 年人均 GDP 总值为每月 250 美元，而基本治疗费用为每月 2 000 兰特（合 250 美元）以上。为了保持药价，这些公司拒绝允许其他制造商生产非专利版本药品。成千上万的人在濒临死亡，活动家们不惜一切寻求改变。

2002 年，"治疗行动"运动的成员向南非竞争委员会提出了投诉。主诉人黑泽尔·陶（Hazel Tau）是来自索韦托的一名单身妇女，她在投诉书中写道，她是个养家糊口的人。

> 我在 1991 年被诊断出感染了 HIV 艾滋病毒……自从 2002 年 4 月以来，我的身体一直不太好。我有越来越多的可能被感染，包括：……肺部感染，怀疑是肺炎……我也消瘦了很多。在 2000 年以前，我的体重大约是 75 公斤。从那以后，我已经瘦了 25 公斤……我需要接受治疗，因为我的 CD4 细胞已经降到了 200 以下……需要抗逆转录病毒治疗。但是，就算是一个月只花 2 000 兰特，我还是负担不起。如果抗逆转录病毒药品的价格降低到每月 400 到 500 兰特，我就可以用我现在的工资支付治疗费用。我明白不得不牺牲一些东西，但我更知道这种治疗将有助于我，让我保持健康。我没有办法支付制药公司收取的抗逆转录病毒治疗的价格。

此时，杰米·洛夫和他的技术消费者计划（CPT）团队再次进入了视

野。药品,特别是发展中国家的抗逆转录病毒药品的高昂价格所造成的
影响,一直是杰米多年来关注的问题。他是向南非竞争委员会提供经济
方面证据的专家之一,他总共撰写或参与撰写了六份专家意见。

2003 年 10 月 16 日,竞争委员会做出了不利于大的制药公司的裁
决,支持黑泽尔·陶和成千上万的其他艾滋病患者:

> 制药公司葛兰素史克南非公司和勃林格殷格翰公司违反了
> 1998 年的竞争法。发现这些公司滥用其在各自的抗逆转录病毒
> (ARV)药品市场的主导地位。

这一判决的结果是,大的制药公司同意以合理的条件将其专利授权
给非专利制造商,不仅是在南非,而且是在整个撒哈拉以南非洲。药价
立即下降,并持续下降。2000 年至 2014 年间,无国界医生组织
(Medecins Sans Frontieres)估计,药价下降了 99%,降至 100 美元左右,
在很大程度上要归功于这次胜利。

这是个通过消除专利垄断而受益的例子。另外一个引人注目的例
子是由于引入专利垄断而带来成本。在 1994 年签署 TRIPS 协定之前
的 20 年里,印度一直禁止医药产品的专利[1]。然而,根据该协议(印度是
签署国之一),必须为药品提供专利保护,并允许专利持有者提高药价。
在此之前,印度的任何公司都可以不需要专利,生产特定的药物:他们
确实做到了。印度的非专利制药业蓬勃发展,任何人可生产仿制药(通
常没有花哨的品牌名称),因为印度没有专利。药品很便宜,即使是穷人

---

1 严格来说,印度没有"产品"专利,但有制药的"工艺"专利。没有药品配方的专利,但公
  司可以注册新颖的专门制药方法的专利。

也买得起。但从理论上讲，这意味着会减少原创者的收入。由此，印度可作为一个好的测试案例，说明这些权衡利弊的实际影响。经过针对称为喹诺酮类（Quninolones）的主要抗菌类药物的一项案例研究，我们得到了一些重要数字。[1]

该论文估计，仅这一部分每年给印度带来的开销就在 3.5 亿至 5 亿美元左右，主要由消费者和当地制造商承担。而专利持有者每年得到的获益仅为 5 000 万美元（专利持有者的获益可能远低于消费者开销，因为价格上涨意味着降低销售量。损失的销售量带来双重损失，一方面消费者得不到药品，另一方面制造商得不到收入）。这就是经济学家所说的无谓（deadweight）代价，这是用于这种情况的一个非常合适的词，因为无法获得药物，确实意味着死亡。因此，印度引入专利垄断后的净代价为每年 3 亿至 4.5 亿美元。这些只是按美元计算的数字。想想那些病人的痛苦的代价，他们再也无法支付治疗费用，他们的疾病被延长或者是生命被不必要地缩短。

因此，医学专利可能会给数百万人带来可怕的经济后果和实际后果。但大的制药公司的理由是，专利是对研究费用和风险的公正且必要的回报，如果没有专利，药品将会出得少，错过治疗的病人会多。这究竟是怎么回事呢？这需要进行考查，因为我们现在几乎所有的创新药物都是在政府资助的研究型实验室里开始研制的，许多药物也是在那里完成的。我们所取得的那些最伟大的进步尤其如此，从巴斯德（Pasteur）的细菌理论到弗莱明（Alexander Fleming）发现青霉素，再到今天基因疗法和

---

1 舒巴姆 · 乔杜里（Shubham Chaudhuri）、皮内洛皮 · K. 戈德伯格（Pinelopi K. Goldberg）和潘 · 基亚（Panle Gia），《对全球药品专利保护的影响的估计：印度的喹诺酮类药品的案例研究》，耶鲁大学工作论文，2003 年；《美国经济评论》重新印刷，2006 年。

预测医学的研究。亚历山大·弗莱明的工作由公共机构资助。因此,他没有隐瞒青霉素的发现,也没有申请专利,而是把它公布出来,允许每个人做测验、使用它和利用它,从而帮助拯救了数百万人的生命。

在同样的原则下,由公众集体支付的当前和未来的工作通常都是公开可用的。这占巨大的比例:当今世界上几乎一半的医学研发工作都是由政府直接资助的,而在基础科学研究中,这一比例更高得多。此外,联合国教科文组织(UNESCO)估计,2012 年私人对美国医疗研发工作的非营利性资助总额合计将近 150 亿美元。这既包括超级富豪的"大型慈善事业",也包括许多小额捐赠人的总计捐款,比如专注于特定疾病的慈善机构,而且几乎所有的捐款都是公开发布的。[1]

杰米·洛夫为南非竞争委员会(Competition Commission)撰写的一份报告中,对研发成本进行了调查,并对最终获得专利的公司承担研发成本的假设提出了质疑。他认为,这几乎都不是真实的,尤其是对于治疗艾滋病等疾病的药品而言。例如,1987 年 3 月,最重要的抗逆转录病毒药品之一的 AZT(市场名称为 Retrovir 立妥威),它的一项专利被授予了宝来威康公司(Burroughs Wellcome),该公司其后又被葛兰素史克收购。宝来威康公司一直毫不害羞地把开发 AZT 的主要功劳归于自己,但事实要复杂得多。

尽管该专利于 1987 年获得批准,但该药物是在 1964 年首次被合

---

1 传统上国家对学术研究的资助是为工作支付费用,而不是为了具体的成果。它允许研究者自行决定他们的部分或全部研究方法,不直接取决于要达到的特定目标。这种方式对于资助基础性研究和高风险研究特别有用,因为基础性研究确实会是非常长期的,而高风险研究也是值得的,即使大多时候不会产生结果或只产生否定结果,但偶尔会有重大突破。这类资助通常设想将研究与教学相结合,这对教师和被教育者都是可取的,而且本身也是一种长期投资。其成果是不可预测的,也很难进行量化,但有可能是巨大的,在每一个学科里都取得过许多伟大的成就。

成，是在美国政府的资助下，由密歇根癌症基金会的杰罗姆·霍洛维茨（Jerome Horowitz）博士完成的。1974 年，马克斯·普朗克研究所的沃尔夫拉姆·奥斯特塔格（Wolfram Ostertag）首次用老鼠证明了它对动物逆转录病毒的作用，这里再次得到了政府资助（这次不是美国）。接下来是至关重要的临床研究，包括首次测试 AZT 是否对人类免疫病毒（如艾滋病毒）有效，以及在何种特定浓度下有效。这项研究也是由美国政府资助进行的，这次是在杜克大学国家癌症研究所。这些研究人员中没有一个是由宝来威康公司资助的，他们也是第一个对艾滋病患者使用AZT 的研究人员，并对患者进行了第一次临床药理学研究。

正如一些重要的科学家在 1989 年 9 月给《纽约时报》的一封信中所写的，AZT 的发展几乎全部是用公共资金进行的，而宝来威康公司实际上在最后阶段延缓了进展。他们指出，完成临床效果验证的人：

> 正是国家癌症研究所的工作人员与杜克大学的工作人员。这些科学家并没有为宝来威康公司工作。他们当时正在进行由研究者发起的研究，需要来自其他重要项目的资源并对其重新规划，为了应对突发公共卫生事件。事实上，对开发 AZT 的主要障碍之一是宝来威康公司，它既不研究活的艾滋病病毒，也不愿接受艾滋病患者的样本。

宝来威康公司仅仅进行了最后一组临床试验，做出了一种有效的药物（实际是数十年研究的成果），就获得了监管机构——美国食品和药物管理局（FDA）的批准。即使在这里，他们也得到了帮助。在美国，AZT被指定为"孤儿"药物（一种用于少数患者群体的药物），这意味着政府将通过向宝来威康公司提供税收抵免来支付一半的临床试验费用。

如果在开放的体制下,宝来威康公司不会获得如此巨大价值的专利,因为它是建立在其他人所做的大部分工作的基础之上,包括由纳税人出资负担的研究人员。取而代之的应是,将私人研发与公共资助研发按照相同的方式开放。科学成果可以被每个人使用;制造不受到限制和具有竞争力,这就能使得药品像今天的非专利药一样,其售价接近制造成本。允许信息的公开访问还会鼓励更多的科学家工作在知识的前沿,以更快地治疗疾病和残疾。

这些社会福利并不会让制药公司变穷。这些公司将继续因他们的工作而获得回报。他们不再为他们的创新申请专利,而是申请报酬权,使他们有权按创新药物在健康方面收益的比例,从中央基金中获得报酬,而不管谁是药品的实际制造者。

在医学领域,最根本的是为了改善个人和人口的健康。这可能意味着通过减少疼痛或避免残疾来拯救生命或提高生活质量。我们的目标应该是确保用于这方面的资源得到充分利用,以便最大限度地实现这些改进。因此,我们不仅需要跟踪谁使用了特殊药物,还需要跟踪对其健康的估计收益(至少平均而言)。为了用这种方式将报酬与结果联系起来,需要一个标准化的衡量标准来比较不同类型的治疗。例如,如何比较一种挽救了 100 名 30 岁以下病人的罕见癌症治疗方法与另一种挽救了 200 名平均年龄为 65 岁病人的癌症治疗方法?

一个答案是通过测量"质量调整生命年"(QALYs),这是个晦涩难懂的名字。它是根据一项治疗能提供的额外"生命年"年数以及这些年的质量来对该治疗进行评估。因此,如果某项治疗挽救了一名 30 岁病人的生命使他有望再活 40 年,那么它的价值是 40QALYs。而另一项治疗挽救了一名 65 岁的病人,其预期寿命为再活 5 年,则它的价值是 5QALYs。在预防残疾的治疗中,对于不同严重程度,对 QALYs 值进行相应加权。[1]

在开放规则下，报酬权基金支付给每位专利权持有人的份额是与健康收益成比例的，它的计算方法为接受治疗的患者人数乘以每位患者以QALYs形式估计的收益。[2] 通过将报酬权与各种药物所带来的收益直接挂钩，该系统为定向的、对社会有益的研究建立了激励。与此同时，较低的药品价格使患者极大地增加了获得治疗的机会。

在这些分配中，一个要考虑的重要事项是自身由报酬权所覆盖的信息的重新利用。研究是一个累积的过程，正如 AZT 的案例生动的说明那样，产生新治疗方法的创新通常是借鉴和吸收了前人的工作。在开放模式中考虑如何处理这种情况是很重要的。不然的话，激励可能会严重扭曲，资源将流向不正确的人，用来做不正确的事。

下面考虑在当前专利制度下发生的衍生药物问题。假设一家叫做 WorkedALot 的公司，它的研究人员发明了一种治疗糖尿病的新药Diax。他们申请并获得了专利。然后，另外一家叫做 Derivatives Inc. 的公司生产一种稍微便宜一点的变种，称为 Diox，也获得了专利。很显然，如果把大部分的回报都给了 Derivatives Inc. 公司，就损害了WorkedALot 公司的利益，这肯定是不公平的，也会降低对创新的激励，因为是 WorkedALot 公司做了开创性的、费用昂贵的工作。因此，在现

1　这个计算生命价值的系统一直受到诟病，例如，有人指责它与宗教教义和联合国人权宣言的精神相悖。他们认为，所有生命都是平等的，这是不言而喻的。这些是真正的反对理由。具体的权重也存在明显争议。随着知识的进步，将会得到修订。但是，QUALs不是一个人生命价值的度量，它是统计工具，它确实提供了用于评价医疗干预的价值的系统性方法。我们不可避免地必须判断优先级（并且已经做了），最好有某种衡量方法，这比没有强。

2　对这个基本公式的细化可以考虑患者人数少的罕见疾病，例如，将该公式乘上一个健康优先级系数。

行的专利法下,设立有专门办法确保这些衍生产品必须获得原创者的许可,并设立有争端解决机制。这一模式将在报酬权制度下采用,但有一个重大区别。就报酬权而言,不获得许可证并不会阻止衍生品公司从事研究或发布其药物(尽管它会冒着日后的仲裁风险,可能将其未来收入的很大一部分判给 WorkedALot 公司)。相比之下,专利通常被解释为提供完全排他性:没有许可证,重复利用者只得承担赔偿损害的责任,别无他法。如果他们明知自己可能正在侵犯专利,就可能因故意侵权而面临承担非常严重损害的风险。

开放所有的研究,无论它是私人资助的还是国家资助的,对同一个国家来说,这可能听起来很好。但它确实提出了"搭便车"(free-rider)的问题:如果美国所有的公共资助的研究都是开放的,其他国家会不会在研究上舍不得投入而利用美国的研究呢? 如何防止南非政府完全依赖美国对艾滋病病毒的研究,却不资助自己的研究?[1] 嗯,即使是在一个对知识产权越来越困扰的时代,也有办法解决这个问题,就是把政策的重点再次放在创新和成果上,而不是在企业保护上。

解决办法是采用国际协议,各国根据协议承诺提供最低水平的医学研究经费(例如,北约成员国目前在国防开支方面的做法)。简单地说,每个国家都同意分配 0.5％的 GDP,但更可能的情况是国家间分配比例(以及总体水平)有所不同,富裕国家承诺分配更高的比例。各国也可能同意相互承认报酬权,使得在一个国家登记的报酬权也能够从其他国家的报酬权利基金中得到回报,只要它的药品为这个国家拯救生命或减轻

---

1 这个问题并不局限于开放模式。它存在于人们为信息生产进行支付的任何方式,包括版权或专利等垄断权。例如,如果一个国家不承认其邻国的专利或版权,它可以从邻国的创新性、创造性工作中受益,而不增加成本:他们使用了产品,但只支付较低的价格,因为价格中不包括对权利持有人的报酬。

痛苦。

这几乎正是杰米·洛夫和其他人在医学创新公约（Medical Innovation Convention）中提出的办法。除了解决"搭便车"的问题外，这些协定还可以对那些被忽视的领域进行更加系统的国际优先排序。目前，每年花在寻找减少衰老征兆的药物上的钱多于花在抗击疟疾上的钱。然而，每年有超过50万人死于疟疾，而没有人死于皱纹。由于富裕国家的人们不受疟疾的影响，但他们非常在意老龄化，所以大的制药公司的药物研究不是针对致命疾病，而是为了满足虚荣心。通过国际协议，可以将研究重点放在那些被忽视的疾病上，例如，在计算每个国家的承诺支出所占GDP总值的比例时，对研究投资进行加权。

遗憾的是，迄今为止，还没有政府对这样的医学研究协议进行磋商，尽管在过去的十年里，人们已经取得了一些重大的胜利。在1990年代末，当杰米和其他人开始着手于解决获得药物问题时，发展中国家只有不到1万人接受了有效的艾滋病毒治疗。这个数字现在已经超过了1 000万，这归功于可获得的基本药品的降价，这是通过自愿的、有时强制的专利授权的方式来做到的。由于杰米和他的同事们在信息政策领域所做的工作，使得成千上万的人，甚至可能是数百万人活到了今天。而大多数收益者可能从未听说过这些政策。

尽管《医疗创新公约》尚未被采纳，但它仍然是一种与众不同的研究资助模式的蓝图。该公约和类似的提议对信息时代的未来至关重要，以将开放与解决"搭便车"问题相结合的方式，使其继续受益于市场机制和前期资助。这种模式依赖于国际协议，目前对"搭便车"问题的解决办法也是如此，即对"知识产权"授予垄断权，这在《跨太平洋伙伴关系协定》（TPP）中将再次延长，尽管这一次唐纳德·特朗普（Donaid Trump）的美国政府没有签署该协议。

第 11 章

创造一个开放世界

开放模式的主要优点简单明了：

● 提供对信息的普遍访问

● 增加创新和创造力

● 最大程度地积极利用信息技术的能力

● 增加竞争

● 终结各种形式的对信息的全球垄断

● 减少在机会和结果上的不平等

● 增加全球财富

这些优点汇集在一起为开放模式提供了一个压倒性的案例。但是开放模式如何实施，仍然有很多问题需要回答。这些不是技术问题，而是政治问题，通常是关于我们的价值观和优先级的。现在是由政策制定者和评论家讨论这些问题的时候了。在这样做的时候，我们必须记住，开放模式不一定是完美的。它只需要比我们目前的封闭模式做得好，并且足以保证能够进行改变。

在今后的几年里，越来越多的人可能会意识到，信息领域的垄断比实体产品的垄断更具有危害性，尤其是在不平等和创新方面。随着"知识产权"导致的后果在虚拟世界和现实世界中越来越明显，它将受到越来越多的批评。

然而，任何改变都必须解决人们对做出一种新的选择的重要关切：在一个没有版权和专利的开放世界里，我们将如何为有用信息的生产支付费用？开放模式提供了一个简单而全面的答案：用报酬权取代现有的专利和版权，同时保留与开放模式兼容的现有资助来源，如用于研究的政府和慈善基金，以及像维基百科这样的社区资源项目。

今天，有多种多样的方式资助信息生产，将来也会继续如此。作为版权和专利的替代品，报酬权将发挥重要作用，但需要经过研究、讨论、规划来确定其规模和组织工作。它们将与技术和社会所关切的事情一起发生演变。

我们所有人每时每刻都在创造大量的信息，我们的博客、照片、从未见过天日的小说、电子邮件，但这些大部分都是没有经济成本或不会产生什么结果的，它们还将有增无减地持续下去。这里要考虑的是对有用的信息所提供的资助，不管这些信息是公开的还是封闭的，它有许多来源：

- 商业（新闻、电影制作、市场调研、广告、时装）
- 赞助（无论是商业的还是公益性的）
- 慈善（研究、艺术、建筑、颁奖等）
- 集资
- 国家支出（大学、学术团体、慈善机构）

所有这五种形式的资助都将继续在开放模式下进行，而且它们生产的大量信息已经或也许已经开放了。例如，由公共资助的研究人员创造的信息已经很大程度地开放了，其余的也应该如此。[1] 但是开放性并不只是主要与国家资助有关或依赖于志愿者。在没有国家直接控制的情

---

[1] 今天还有其他类型的生产开放信息的例子。例如，通过商业运作进行的一些创新是公开分享的，其收入来自互补产品、相关服务或咨询。这是一种称为"薯条和番茄酱"的方法：向客人赠送薯条，然后卖番茄酱，反之亦然。许多领域的先驱者，包括在一些不认为创新是"知识产权"的领域，也是这样做的。例如，在外科手术技术中的大量（转下页）

况下，我们能够生产更多的信息，因为这样可以最大限度地减少政治化和官僚化，为企业提供最大的自由。信息制作、信息营销的商业必须继续繁荣。并且由于我们使用报酬权，开放模式能够与市场共存。

11.1　以报酬权替代垄断权

那些今天已经开放的知识和信息的生产不会受到去除"知识产权"的影响，但是仍然有大量的信息是由依赖于专利或版权回报的企业所支付的。本书的提议是，用报酬权大批地替代专利和版权等知识产权垄断，这意味着包含软件、统计报表、设计、新闻、地图、药品和其他无数种信息的报酬权。进而，我们以类似的报酬权替代每一项主要知识产权权利（专利和版权），即类似专利的报酬权和类似版权的报酬权，它们具有与对应的现有垄断权相同的资质规则和经营期限。

报酬权与保持鼓励创新的其他方法之间完全相容，而且还可以加强这些方法。例如，报酬权的存在将为私人慈善资助提供新的途径，如慈善家可以直接向报酬权池捐款，可以增加摄影或诗歌所得到的报酬等。并且，可以用减税来鼓励私人通过奖金或报酬权对开放性创新的支持。

（接上页）创新，没有（也不可能有）专利，但外科医生经常急切地分享他们新开发的方法，因为他们知道这将带来专业信誉和更多的病人（也不应该忽视这个行善和改善人类福祉的简单愿望）。新想法是自由分享的，以获得间接的回报。这种创新比我们最初想到的要普遍得多。埃里克·冯·希佩尔（Eric von Hippel）和他的同事的研究表明，它远远超出了医学领域，从米其林厨师（Michelin chefs）到化学工业。值得注意的是，冯·希佩尔估计，所有生产创新中的大多数都是由从业者做出的，其中很多人并不寻求或需要排他性来证明自己的付出或为自己的付出获得资金。

11.2 报酬权是否可行?

为了成为切实可行的专利制度替代方案,报酬权必须在技术上和政治上可行。从技术上看,报酬权制度所要求的许多方面已经存在。我们已经有了衡量价值的方法、已经定义了创新的所有权、怎么处理当创新借鉴了别人时的情况。每一个这样的机制都可以重复地用于报酬权。

进一步看,报酬权制度所需的许多政治基础设施也已经就绪,包括:协调一致的国际的(往往是国内的)立法和可以借鉴的仲裁手段,以及与相关基金治理机构类似的、确保可持续资助的方法。

11.3 报酬权是技术上可行的

为了使报酬权成为一种切实可行的资助机制,在技术方面也必须是实际可行的。有四个突出的问题:

1. 界定。一个创新属于哪个创新者?

2. 复用。由于研究是累积性的,报酬权模型以比例方式奖励创新者是很重要的,这样不会使那些让别人站在肩膀上的人得不到好处。

3. 分配。我们应如何将这些资金分配给报酬权的每个持有者?

4. 评估。我们应如何决定在不同种类的信息(药物、音乐、软件等)上各花费多少钱?

幸运的是,所有这些要求都有先例可循。

11.3.1 我们已经决定了谁拥有创新

专利与报酬权制度的核心问题都是如何将各个创新相互分离开来。

无论是专利垄断权还是报酬权,都要将权利赋予给个体,就必须能够正确地确定创新的归属。它是专利制度中至关重要的过程,可以直接在报酬权制度中使用。

11.3.2　我们已经做到了在多个创新者之间分享权利

报酬权肯定在与创新有关的所有信息能被完全开放访问的条件下被授予。因此,能够在一代创新者和下一代创新者之间公平分配报酬是重要的事情。

这种分享已经发生了。因为创新和创造是累积的,所以经常出现复用。在今天的垄断权体制下,后继的创新者需要向先前的创新者支付版税。在报酬权模式下,就像专利或版权制度下的版税一样,后继的创新者有责任将自己的报酬权收入的一定比例支付给他们所借鉴的作品的作者。对于简单的情况,这些比例可以标准化;对于较复杂的情况,双方可以磋商。如果没有找到相互可以接受的解决办法,则最终诉诸于法院。换句话说,如果一项创新借鉴了之前的一项拥有报酬权的创新,则要把授予给第二次创新的权利的一定比例留给最初创新者。

与当前制度的主要区别在于,先前的创新者不能拥有禁止复用的绝对权利(这在当前的制度下是可以的),相反,他们只有获得"公平报酬"的权利。这一变化将有利于后继的创新者,但仍将确保先前创新者得到公平的补偿。

11.3.3　我们能够在报酬权持有者之间分配基金

从报酬权基金向创作者支付报酬是相当直接的,在上面的案例研究中,已经展示了它在音乐和医药领域的应用。分配是通过对相似事物进行比较来做的,这是为了采用一个共同的尺度,可以是歌曲的播放数量,或者是药品的用量和健康收益。虽然每一种信息的基金需要用它自己的特定机制(例如,软件的标准肯定与音乐不同),但关键的原则是明确的:报酬权持有者将根据其创新的使用量和所创造的价值获得报酬;分配将由透明的、预先定义的算法实施,由独立的评估人监督(以消除在分配过程中的政治干预风险)。

11.3.4 我们能够评估在每种信息产品上的开支是多少

在报酬基金之间的比例分配是一个更大的挑战,因为它需要对不匹配的价值进行比较:与针对治疗乳腺癌的一个新疗法相比,对碧昂斯(Beyoncé)的一首新单曲的估值是多少?

我们可以先来看看,当涉及到不同类型的实体物品时,比如足球和蛋糕,我们是如何进行价值判断的。最常见的机制是市场。买卖双方的相互作用决定了价格(也就是相对价值的一种形式),还决定了需要生产多少个足球和多少个蛋糕。当我们想要比较实物时,传统的市场定价很有效,因为每种实物的供应量都是有限的,但这种机制在信息产品的情况下就失效了。正如我们所看到的,数字信息产品的供应量是没有限制的,除非是我们有意地进行限制。正如经济学家会说的那样,这个蛋糕会按要求变大,每个人都能吃到一片,没有人非得挨饿。在一个没有垄断权的信息市场体系中,这种无限的供应量会导致价格趋近于零,我们得不到不同类型信息的相对价值的指标。

但垄断权呢?难道它们不能给出信息产品的市场价格吗?这里的问题是,市场价格之所以有用,不是因为它们的存在,而是因为它们能根据实际价值和成本来分配开支和产量。然而,这只有在某些情况下才能做到,而垄断权所涵盖的信息产品在很大程度上不存在这种情况。

首先,信息产品(与国防等公共产品一样)的一次性成本很高,但每增加一个用户的成本微不足道。例如,一旦我们已花钱维持了一支军队,保护额外的一百名居民就没有任何成本。同样,一旦编制了一个小应用程序(app),复制额外的副本的成本为零。这给市场定价体系带来了挑战,因为庞大的固定成本意味着,价格会随着使用量的增加而下降(尽管价值没有下降)。

其次,从根本上讲,对信息产品的真正市场定价是不可能的。只有在国家人为地垄断的情况下,价格才能与信息产品挂钩,但这种行为本身就破坏了市场机制,因为它让生产者(而非消费者)来决定价格。这样,尽管可能还有其他电影可看,但没有一部能与《哈利·波特》或《偷天换日》相提并论了,这就没有了真正的竞争。这种机制被扭曲,就会导致资源没有得到最优分配。

"知识产权"管理体制经常被认为是纯粹的自由市场机制,其实它不是:它已经被政治化了(这就是为什么它会吸引如此多的游说者)。例如,社会授予特定类型信息产品的垄断权的期限和性质取决于政治决策。新的救命药物的专利应该延续 10 年、20 年还是 50 年?(想一下这个决定的深远影响。)政府也必须决策在科学研究上花多少钱,这里有非常多的因素使得评估具有很强的推测性。例如,基础生物学研究可能会也可能不会带来医学上的突破,但这需要经过几十年的滞后期才知道。

因此,在不同类型的信息产品之间评估价值并分配资金方面,报酬权所面临的挑战已经在我们今天的体制中呈现出来,尽管它们更多地隐藏在我们的视线之外。报酬权引发的问题并不新鲜,只是更加显著。

经济学家的确拥有评估价值的技术,因此可以将音乐的苹果与药用的橙子进行比较,尽管这种比较并不完美。例如,抽样技术可以很好地了解信息产品的总体使用情况,无论是应用程序、天气预报还是算法,但这只能告诉我们使用它的程度,而不是用户对它的评价。也有一些技术，如付费意愿调查，可以获得用户的评价。所谓的"特征定价（hedonic pricing）"是指使用有价格的东西来评估没有价格的东西。例如，美丽景色的价值是多少？美丽的风景没有明确的市场价格，但我们确实衡量了人们为房子支付的价格。因此，如果我们知道哪些房子有美丽的风景之外，还知道其他因素，如大小和位置，我们就可以开始梳理出美丽风景的隐含价值。我们甚至可以谈论生命的价值。人们为了避免小的死亡风险增加，要付出多少钱？例如，我们要给从事危险工作的人发多少额外津贴，比如给摩天大楼擦窗户的工作？

此外，我们可以利用当前在音乐、电影、软件和药品等方面开支水平的知识来启动报酬权管理体制。尽管不完善，现有的这些支出额能提供一个有用的指导，而基于这些指导的报酬权也将提供一种容易接受的连续性。

综上所述，虽然分配问题没有最终答案，但我们可以在一个开放的世界中提出一种通用的办法。在每一个创新领域，目前的投资水平为新模式提供了一个起点。通过使用现有的工具和关于数字产品使用的层次和形式的大量数据，我们至少可以为开放世界中的信息产品给出一个名义值。

最终，通过报酬权流向不同形式信息产品的资金数量必然会引起公众的争论。我们应该为许多种领域中的新信息产品分配多少？然而，设定支出水平的挑战既不是新问题，也不是信息领域特有的问题。在决定花多少钱用在公园、学校和战斗机上时，社会也面临着同样的问题。

这就是为什么我们现在需要开始讨论报酬基金应该有多大、应该如何筹集、以及应该如何分配。我们还需要向公众解释报酬权是什么，以及开放访问将为整个社会和我们每个个人所带来的好处。社会得到好处的形式是非常便宜的药物、非常快的研究进展等；个人得到好处的形式是比较便宜的、各种非专利的商品,更加自由的互联网、有允许普遍访问的新闻网站、音乐、电影、书籍等更多内容。

11.4 报酬权是政治上可行的

除了在技术上发挥功能之外,报酬权还必须能够在政治上可运作。这涉及到:

1. 具有充足和可持续的资金筹措方法;
2. 具有健全的基金治理结构与法律地位;
3. 具有从当前状态成功转变到新的开放模式的方法。

这些要求也可以做得到。

11.4.1 国内和全球可确保可持续的资助

首先考虑国家层面,政府必须提供可预测和可靠级别的资源。实现这一目标有多种办法,根据所涉及国家的现有环境和实际作法,这些办法必然会有所不同。

这些基金应该在法律上独立并透明化治理。这是"围栏圈护"的资金,使其与政府一般预算分开。该治理机构最重要的特点是中立性。保证这一点的方法之一是使它独立于选举政治和政治派别。

在全球层面,必须达成国际协议以建立一个制度,规定公平合理的基金捐资数量,并约束所有国家做出捐资。这将确保该基金每年有一个固定的可支出资金池。只有为具体类型的报酬权建立起这种有约束力的协议,才能阻止"搭便车"行为。

令人高兴的是,我们已经有了正在运行的这种机制。例如,现有的知识产权管理体制证明了防止"搭便车"的国际协议的有效性。我们已经有了许多由各国政府共同出资的国际倡议的例子，例如在研究基金或太空探索方面。

11.4.2　报酬权与国内法和国际法相容

大多数国家都是世界贸易组织（WTO）的 TRIPS 等条约的签署国，这些条约要求各国提供和承认专利与版权。报酬权模式与这些法律框架相适应。

虽然 TRIPS 是全球性和有约束力的，但它也有内置的灵活性。已有法律规定允许专有权例外，以便在特定情况下扩大访问并绕过垄断权。例如，在某些情况下允许"强制许可"，以确保专利持有者不能阻止对其创新的利用，当然他们必须得到适当的补偿。

在完全取代垄断权的过程中会出现暂时的困难，但这不会阻碍前进。例如，垄断权持有者可以自愿将他们的权利授权给一个报酬权基金，就像如今的版权持有者授权收费协会或声田所做的那样。另外的一种方案是，报酬权可以与垄断权平行地授予，由创新者选择哪一种权利。然后，可以通过各种确保采用率的方式使报酬权比垄断权更具吸引力：例如，为报酬权提供高水平的资金；其次，在所有国家支出中优先考虑报酬权（例如，可以限制国家在专利药品上的支出）；最后，通过直接对专利收入征税来降低其吸引力（不违反 TRIPS 和其他国际协议）。虽然这种"选择加入"的办法不如全面转变有吸引力，但在由于政治的或法律的原因而短期内无法废除垄断权的情况下，它也许是管用的。

11.4.3　我们可以用报酬权实现向开放模式的成功转变

如果在一夜之间废除掉所有现有的垄断权，取而代之为报酬权，这是一种最快的引入开放模式的方法，但显然会引起一场全球性的"大爆炸"。同样显然的是,由于这种变化的大规模性和复杂性,这种情况不太可能发生。相反,我们应该鼓励各地区和行业逐步地采纳。个别国家或个别国家联盟可以采纳该开放方式,而其他国家仍保留垄断权。在最初阶段,一个国家或一群国家只在一个或几个行业采用开放模式,这是非常可行的:例如,引入音乐的报酬权,但保留所有其他的垄断权。能够实行开放模式,使之与现有的垄断权制度并行运行,这种能力是一种巨大的优点。它既允许试验新的办法,也允许逐步采纳,这对于使得这种集体努力能取得成功是至关重要的。

实现任何改变的另一个关键要求是,主要利益集团支持它,或至少不主动反对它。考虑到它们的政治权力,一个关键群体将是现有垄断权的持有者,如制药公司、唱片公司或出版商等。这些利益集团总是在提防对现状的任何改变,但有理由让他们相信,报酬权可以为它们以及社会带来好处。首先,从垄断权持有者的观点来看,报酬权看起来非常相似:它将由相似的机构发行、持续相似的时间,并产生相似或更大的收益。当然这是症结所在,至关重要的是,与当前的销售收益相比,通过报酬权基金确保的钱数要大得多。例如,如果美国设立一个药品报酬权基金,所得到的丰厚资助应该至少会与目前用于专利药品的那一大笔钱相当。即便大众可以从增加的获得量和较低的价格中得到更多的受益,也不必使这些公司亏本。

这就是双赢性开放革命的美妙之处。报酬权的这些特性加在一起,大大增加了这种变化在政治上和技术上可行的机会。

第 12 章

帮助我们一起实现它

如果我们要创造一个开放的世界，就需要采取统一的行动。有些人认为，由于数字技术使自由地共享信息变得如此容易，因此没有什么可以阻止信息的自由流动。但是，这些对开放必然性持有乐观主义的人，对技术和权力的相互作用一无所知。就权力而言，无论是特殊利益集团的权力，还是我们通过国家获得的集体权力，都在很大程度上塑造和控制了技术的影响力，尤其是在这个信息领域。即使数字技术创造的世界中，确实无法阻止信息自由流动，但首先还存在一个问题：谁为创造信息买单？在缺乏如本文提出的新财务结构的情况下，信息免费很可能会阻碍创新和创造力，它剥夺创新者的收入，致使我们大家都陷入贫穷。

另一个错误的假设是，如果我们让自由市场机制发挥作用，开放型商业模式就会自动地占上风。遗憾的是，尽管封闭世界中的开放商业模式（或像维基百科这样的社区努力）令人印象深刻，但它们所能支付的，只是我们想要得到的很小一部分。许多重要的信息产品，如新药品或新电影，如果没有报酬权，在一个封闭世界里还没有明显的开放型商业模式。

因此，需要采取行动，应采取三种相辅相成的形式：告知公众和使公众参与、为改变政策进行游说，以及"自己动手建造"。最终，我们需要首先在国家层面，然后在国际层面上改变政策。与此同时，无论是个人还是团体，我们现在就可以采取行动，创建开放的资源，无论是软件、数据库还是内容，其目的是提供即时价值，作为展示开放性潜力的示范。

　　使公众认识到不是去秘藏信息而是分享信息的好处，公众在对于信息的观念上需要发生根本性转变，与此同时，需要在政治上施压，为公开信息提供资金；建立支付流程，包括设立作为法定权利的报酬权、许可证发放和争端解决机制；以及建立用于制定开放政策的国际协议。

　　但在政策发生改变之前，我们需要开展一场基础广泛的开放运动，它应拥有共同语言和共同目标：而目前两者都缺乏。这一运动需要那些致力于宣传的个人和组织作为先锋。为了得到启发，可以参考其他为了确保政府在公共利益方面做出重大改变所做的努力，例如环境运动。

　　人们在污染等问题上的担忧最早可以追溯到罗马时代。但在以农业为主的社会中，人类对大范围环境的影响几乎不太明显。随着工业时代的到来，环境问题开始受到越来越多的关注，它是由对崇高的事物、自然之美和制造业城市之丑陋等浪漫主义关怀所推动的。随着工业和城市化的增长，水和空气的污染变得非常明显。但由于各种原因使监管受到了限制，包括对科学和政治制度缺乏了解，政治制度有利于业主而不是工人。即使是在 20 世纪，环境进步也不仅受到两次世界大战的阻碍，还受到政治上缺乏长远考虑的阻碍。

　　1945 年以后，在更先进的科学、成熟的代议式民主政体、对总体社会福利积极关注的国家等方面刺激下，环境运动的势头终于有了好转。财富的增加提高了公园、清洁空气和长期健康等环境产品的相对价值，还增加了享受它们的闲暇时间和为它们表决的意愿。在 1960 年代初，这些运动凝结成为现代环保运动。蕾切尔·卡森（Rachel Carson）于1962 年出版的《寂静的春天》是这一运动的象征和催化剂，它使美国中部地区清楚地认识到人造化学物质对环境和人类健康的骇人影响。

　　环保运动需要几十年的时间才能发展成熟，但到 1990 年代初，一些环保组织已经成为重要的政治力量,拥有几十万会员和大量资金。他们有独立的研究人员、老练的媒体策略、基层的运动、主要政治中心的游说者。尽管在财务上仍远远落后,但大环境已经到来,可以承接大生意了。公众的意识也提高了,"可持续"和"绿色"等术语也进入了流行词汇。在这个世纪之交,称一辆汽车或一所房子为"绿色"通常不再是描述其颜色。

与此同时,环境破坏的规模已大大增加,人们更加警惕越来越大的挑战,其中气候变化是最大的挑战。然而,石油生产商,无论是埃克森美孚(ExxonMobil)还是沙特阿拉伯,仍是地球上最强大的游说团体之一,它们仍在不遗余力地阻止针对气候变化所采取的行动,以免减少它们的利润。

信息的环境与其是惊人的相似。关于信息控制的担忧也可以追溯到几百年前,想想教会拒绝让圣经被翻译,以免人们自己去阅读。然而,随着工业化的发展,从制造设备到报纸,信息产品再次成为经济和社会中极其重要的东西。在这里,政治话语也是被特殊利益集团所主导,尤其是那些信息的生产者和控制者。代表更广泛群体(如消费者)的机制很薄弱,尽管信息在商业上越来越有价值,但很少有人理解其概念上的重要性。封闭性垄断权利在期限和范围方面不断扩大。

然而,在 20 世纪下半叶,两个新的因素开始发挥作用。数字技术的发明导致了信息的数量激增和无成本复制;随着政府大量资助的研究,增长的大科学极大幅度地扩大了公共领域的信息生产。信息在经济和社会中日益占据主导地位,然而,人们在政治上却不甚了解。开放共享的元素在学术界和新兴的信息技术行业(尤其是软件行业)广泛流行,但很少是由政治主张驱动的。

终于,在 1980 年代和 1990 年代,开放信息运动出现了雏形。如果有人要寻找一个类似于卡森的《寂静的春天》出版的图腾时刻，那可能就是自由软件基金会（Free Software Foundation）的理查德·斯托尔曼（Richard Stallman）的工作。卡森揭露了杀虫剂的危害，而斯托尔曼揭露了越来越多的信息被专有化所带来的威胁。起初，在一个很小的范围内，是一个由码农和科学家组成的社区，他们通过个人电脑和初级互联网相连接，围绕着一个激进理想聚集在一起，他们逐渐找出了信息与物理事物之间的区别。

信息政治始于自由软件基金会（成立于 1986 年）、电子前沿基金会（1990 年）和自由信息基础设施基金会（1999 年）等组织。在早期曾取得了一些重大的胜利，比如 2005 年欧洲对软件专利的否决。这些群体在组成之后又不断再重组，它们几乎没有共同的语言或愿景。令人激动的互联网经济刺激了人们对垄断权利以及信息时代中开放性的潜力的思考，最引人注目、最受欢迎的是美国法学教授劳伦斯·莱斯格（Lawarence Lessig）和詹姆斯·博伊尔（James Boyle）。在这个阶段，企业反对开放性的力量是强大的，但仍然是笨拙和不成熟的。

随着研究工作开始与商业利益和垄断权利纠缠在一起，公共科学也越来越意识到开放的必要性。一个明显的例子是人类基因组计划，它始于 1990 年，得到了政府和慈善家的资助。在 11 年后，当该项目公布了人类基因密码的第一个完整序列时，它是完全开放的。如今，它已成为价值 200 多亿美元的全球性产业的基础，但其开放性还算不上非同寻常；如今，所有基础医学研究的一半以上都是公开发布的。2018 年 2 月，美国和中国的研究人员开始计划一个更加雄心勃勃的项目。生物基因组计划［The BioGenome project；或称全球基因组计划（Whole Earth Genome）］旨在对地球上的所有物种进行测序，从阿米巴变形虫到蓝鲸。需要的成本将达到数十亿美元，资金来源至今还不清楚。但对政治家和科学家来说,很明显,这样一个非同寻常的数据银行不能被独家占有,必须尽可能广泛地与人分享和利用。

＊　　＊　　＊

现在,地球上有一半以上的人"在线"(online),定期地与数字信息世界直接联系。然而,关于开放性的共同目标和共同语言并不存在。如果你在街上拦住人们,问他们"你们想要一个开放的世界吗?"或者"你们想要一个开放的信息社会吗?",他们根本不明白你是什么意思,就如同你在 1975 年拦住他们问:"你们想要一个绿色社会吗?"开放信息运动仍然逻辑不清、结构不整,没有一个公认的全球发言人组织,没有一个共同的目标或平台,也没有一个共识的方法。"信息政治"是一个很难理解的术语。各政党在公开发表的宣言里很少提及它,而当他们这么做时,通常只是为了重申关于创新和知识产权的信条。

当然,即使在垄断权利模式下,个人、团体和企业已经在创造公开信息。有一些志愿者的工作是由个人兴趣、公益精神,以及开发和展示知识与技能的愿望等结合在一起而共同推动的(例如维基百科以及许多小型开源软件项目)。[1] 也有一些企业在出售互补产品时,也免费提供公开信息。在许多领域,慈善支持是增加基金的重要来源,然而,它们没有互相协调,也没有系统性地促进开放。

即使公众已觉醒到脸书和谷歌等大公司的过度权力,许多人仍无法

1　维基百科是一项极其令人印象深刻的志愿性工作,但它是由商业启动的,而且它也受益于国家支出:它的内容主要来自于已在其他地方发布的信息,其中很多是由国家支持的学术界(或新闻媒体等商业环境)制作的。在各个方面,我们今天可以获得的大量公开资料都得到了政府和企业的支持。

理解这些垄断企业的构成。他们不明白，正是我们所制定的规则创造并维持了这些大公司，正是"知识产权"垄断性造就了如此异乎寻常的集中的权力和财富。关于数字信息经济如何运作，我们必须继续传播觉悟和挑战错误观念。我们需要一个这样的世界：其中的每一位政策制定者、每一位专家、每一位受过教育的公民都明白，数字比特位（bit）不同于面包，以及这意味了什么。

我们需要讲清楚建立在专有信息基础上的封闭世界的危害。我们需要有致力于理解信息经济和信息社会的研究机构，需要有跟踪进展和制定政策的智库。我们需要有开放世界宣传运动的大众会员组织，就像有自然环境宣传运动的绿色组织一样，因为会员组织能提供长期参与的资源和支持变革的明确群体。最终，我们需要政策制定者看到开放世界带来的机遇和必要性。只有通过我们的集体的政治行动，我们才能实现所需要的大规模改革。

第 13 章

尾声：原始版权

1500 年前，处于 6 世纪的爱尔兰，一场关于抄写书籍的争论引发了一场激烈的战斗。事件的中心是一位名叫科尔姆西尔（Colmcille）的牧师，我们对他更熟悉的名字是圣哥伦巴（St. Columba）。他在 25 岁被授予圣职后，开始在爱尔兰各地传教，在 15 年内建立了 30 多座修道院。但由于书籍短缺限制了宗教学术研究，他尽可能地抄写手稿，并鼓励修道士们也这样做，以传播教会的教义。

《圣经》拉丁通行本是由圣杰罗姆（St. Jermoe）完成的在 5 世纪最为重要的圣经拉丁文翻译本。传到爱尔兰的第一本圣经是由摩尔维尔的芬尼安（Finnian）从罗马带回来的。芬尼安对这本书看护得非常严，不允许别人拿到它。他曾经是科尔姆西尔的老师，对他的学生可以破例，允许阅读该翻译本，条件是只要不抄写该书。科尔姆西尔默认了这个条件，但他没有理会这个限制，无疑他觉得这个知识太宝贵了，不应该被封锁起来。

科尔姆西尔开始在晚上以尽可能快的速度抄写这本书。在一天晚上他被发现了，芬尼安要求他交出该书。科尔姆西尔加以拒绝，他认为《圣经》不属于任何人，他的首要责任是为上帝和教会，而不是为芬尼安。

当他们请求爱尔兰至尊国王迪亚迈德（Diarmaid）做出裁决时，科尔姆西尔给出了他的理由，他说通过抄写来传播知识是教会的责任。他这样做并没有减损芬尼安的书，再者，那本书也不过是一个副本，因为它不是圣杰罗姆的原始手稿。书籍在性质上不同于物质产品。

然而，国王迪亚迈德却做出了不利于科尔姆西尔的裁决：他说，智者总是把一本书的抄写本形容为它的子代书，这意味着亲代书的主人也拥有它的子代书。"每头小牛属于它的母牛，每本子代书属于它的亲代书。这本子代书就属于芬尼安。"

据说科尔姆西尔诅咒了国王，并气呼呼地跑回了他的修道院。不久之后，事情发生了血腥的转折。科尔姆西尔为一名被国王迪亚迈德扣押的人质提供了庇护。国王在追捕并杀死人质的过程中，侵犯了科尔姆西尔修道院的圣殿。据传说，在随后的战斗中，迪亚迈德方面3 000人阵亡，而科尔姆西尔方面仅有一人阵亡。

但是科尔姆西尔的胜利是短暂的。在同伴教士们召开的教会会议上，他被开除出教会，然后遭到流放。因此，在563年，也就是"书之战"的两年后，科尔姆西尔带着12名追随者起航前往爱奥纳。之后，他又建立了一座新的修道院，他在把基督教传给苏格兰皮克特人（Picts）的过程中发挥了重要作用。

当然，科尔姆西尔对《圣经》拉丁通行本里的文字不可能是通常意义上的财产的理解，是基于这些文字在教义上的重要性，而不是基于作为经济、科学进步和许多其他事物基础的现代意义上的信息。然而，在经过1500年之后的今天，他对物质财产所有权与信息内在可复制性之间的区分变得更为重要。他在国王面前最后一次充满激情的恳求中，完美地阐述了公开信息的基本逻辑：

我朋友的主张是试图把陈旧的法律应用到新的现实中。书籍不同于其他财产，法律应该承认这一点。像我们这样有文化的人，通过书籍对知识做了新的继承，有义务通过复制和广泛分发这些书籍来传播知识。我没有通过抄写而消耗掉芬尼安的书。他还保留

着原书,那份原书虽然是被我抄写过的,但丝毫无损。它的价值也
没有因为我的抄写而降低。书中的知识应该提供给任何想要阅读
的人、有技能的人,或者配得上去读的人。把这些知识隐藏起来或
者试图毁灭书中所包含的神圣的东西是错误的。试图阻止我或任
何其他人抄写书、阅读书,或制作多个副本在这块土地上分发也都
是错误的。

第 14 章

致谢

　　我非常感谢西尔维为这本书的出版所做的一切,也非常感谢我的编辑吉姆·麦克库(Jim McCue),他帮助我把本书整理得条理清晰。

　　正如本书所证明的,我们的文化和思想都是建立在他人的肩膀上面的。多年来,无数人与我分享了他们的思想和时间,本书依靠了他们的贡献。虽然还有许多人我尚不能完全确认,我在这里先感谢那些对本书直接作出贡献的人:莱昂内尔·本特莱、坦维尔·查哈尔、雪莱·陈、米歇尔·德容、科里·多克托罗、珞蒂·范比、妮珑·戈德弗罗伊、乔纳森·格雷、罗伯特·哈特蒂姆·哈伯德、劳拉·詹姆斯、亚当·卡里夫、利亚姆·卡文纳、马丁·克雷奇默、杰夫·木尔根、丽可·帕洛格、克雷西达·波洛克、凯伦·波洛克、戈登·波洛克、艾莉森·兰德尔、安德鲁·任斯、埃斯特班·拉塞尔、菲利普·施密特、汤姆·斯坦伯格、奥黛丽·唐、菲奥娜·汤普森、保罗·沃尔什、开放知识组织、夏特沃斯基金会和许多许多的人。